BÖHLAU-STUDIEN-BÜCHER
GRUNDLAGEN DES STUDIUMS

DIE FRANZÖSISCHE REVOLUTION

KARL GRIEWANK

DIE FRANZÖSISCHE REVOLUTION

1789—1799

8. Auflage

1984

BÖHLAU VERLAG KÖLN WIEN

CIP-Kurztitelaufnahme der Deutschen Bibliothek

Griewank, Karl:
Die Französische Revolution: 1789 – 1799 /
Karl Griewank. – 8. Aufl. – Köln; Wien:
Böhlau, 1984.
    (Böhlau-Studien-Bücher)
    ISBN 3-412-07684-8

Gesamtherstellung: Hans Richarz Publikations-Service, Sankt Augustin
Printed in Germany
ISBN 3 412 07684 8

INHALT

DIE REVOLUTION

Das alte Frankreich (vor 1789)

Die konstitutionelle Monarchie (1789—1792)

Die demokratische Republik (1792—1794)

Die bürgerliche Republik (1794—1799)

VORWORT

Die erste Auflage des hier vorliegenden Buches erschien kurz nach dem Kriege und war — durch die Zeitverhältnisse wenig beachtet — die erste deutsche Darstellung über das große, lange Jahre zurückgedrängte und von Vorurteilen beherrschte Thema. Obwohl und gerade weil in der Zwischenzeit die Forschung über die Französische Revolution insbesondere von französischer und deutscher Seite durch umfangreiche Untersuchungen und Gesamtdarstellungen gefördert wurde, wird die Darstellung des 1953 in Jena verstorbenen Historikers hier aufs neue vorgelegt, weil wir glauben, daß sein Bild der Revolution gerade heute der Einführung in das Geschehen für einen breiteren Leserkreis, insbesondere für die Studierenden, zu dienen vermag. Die Griewank eigene Fähigkeit, in prägnanter Formulierung verwickelte Sachverhalte deutlich zu machen und Wesentliches aus der Mannigfaltigkeit des Geschehens herauszuschälen, kam den Notwendigkeiten einer solchen knappen Darstellung trefflich entgegen. Die kritische und dabei doch aufgeschlossene Haltung des Verfassers, seine sorgfältige und saubere Arbeitsweise und sein eindringender Stil haben dem Werk in seiner Art Anerkennung in der Fachwelt verschafft.

Bei der Neuausgabe wurde der Text unverändert gelassen. Es wurden nur Druckfehler berichtigt und von Griewank in seinem Arbeitsexemplar vorgenommene Berichtigungen und Zusätze eingearbeitet. Das Literaturverzeichnis wurde als Wegweiser in das wichtigste Schrifttum um eine Reihe von Titeln aus der Fülle der Neuerscheinungen ergänzt und auf den neuen Stand gebracht sowie überhaupt einer gründlichen Überarbeitung unterzogen. Für diese Ergänzungen haben wir Herrn Dr. Schmidt, Jena, sehr zu danken.

Wir entschlossen uns schließlich, der neuen Auflage ein Kapitel aus dem von Griewank hinterlassenen Beitrag „Die Spätzeit des Absolutismus in Europa" voranzustellen, der für die nicht mehr gedruckte Propyläen-Weltgeschichte bestimmt war. Da dieses Kapitel als gelungene und abgerundete Leistung zu den besten des ganzen Beitrages zu zählen ist und thematisch mit der folgenden Darstellung des Revolutionsgeschehens verbunden ist, schien es lohnend, diese von der historischen Gestaltungskunst Griewanks zeugende Arbeit hier beizugeben.

Unser Dank gilt nicht zuletzt Frau Magdalene Griewank für fördernde Hilfe an diesem Buch, das dem Gedenken des unvergessenen Jenaer Historikers dienen möchte.

Der Verlag

DIE ANFÄNGE LUDWIGS XVI.

Als König Ludwig XV. am 10. Mai 1774 an den Blattern zugrunde ging, die er sich im Umgang mit einer Dirne zugezogen hatte, reagierte sein Enkel und Nachfolger mit einer ersten Bewegung des Schreckens auf diese Nachricht: der junge König empfand selbst die persönliche Unzulänglichkeit, an der bald alle seine guten Absichten scheitern sollten. Dem Vorgänger an Gaben unterlegen, persönlich linkisch und ungeschickt, mit mäßigen Kenntnissen ausgerüstet und für den Regentenberuf schlecht vorbereitet, war Ludwig XVI. gutherzig und von redlichem Willen beseelt, aber unkräftig und ohne Menschenkenntnis. Mit volkstümlichen Sparmaßnahmen, ostentativer Fürsorge für die Armee und Vereinfachung der königlichen Lebenshaltung erregte er Hoffnungen auf einen dem Wohl der Landeskinder zugewandten Stil des Herrschertums, auf eine neue, patriarchalische Spielart der aufgeklärten Monarchie; und doch war er in der Verteilung von Gunstbeweisen und Geldgeschenken nicht weniger absolut und unbedenklich und in seiner urteilslosen Gutmütigkeit oft noch hemmungsloser und verschwenderischer als sein Vorgänger. Die verderbte und von Lüsternheit erfüllte Atmosphäre reinigte sich zugunsten einer menschlich klareren und einfacheren Lebensart. Der König, obwohl er seiner Gemahlin Marie Antoinette in den ersten Jahren kühl und spröde gegenüberstand, erschien als guter und fleckenloser Hausvater, und die junge Königin, die Tochter Maria Theresias, brachte etwas von Unmittelbarkeit des Fühlens und Sich-Gebens in die verkünstelte Rokokowelt Ludwigs XV. und den trockenen französischen Rationalismus. Anmutig, launisch und vergnügungslustig, baute Marie Antoinette sich ein idyllisches Privatleben mit Freundschaften voll herzlicher Sentiments auf; mehr und mehr aber ließ sie sich zu verschwenderischer Eigenwilligkeit in ihren Gunstbezeugungen verführen und überschritt dabei unbekümmert die Schranken der Etikette, die in Frankreich immer noch die Würde des Königtums repräsentierten, vernachlässigte die Rücksichten auf das Volksempfinden und selbst auf das Staatsinteresse. Ihr Leichtsinn und ihre unverhüllte Achtlosigkeit für den Gemahl wurde zur ständigen Sorge für ihre Mutter und ihren kaiserlichen Bruder; daß sie in der großen Politik nur Persönlichkeiten nach rein menschlichen Sympathien begünstigte, enttäuschte die politischen Erwartungen, die in Wien auf ihre eheliche Verbindung gesetzt worden waren, und doch blieb sie auch in Frankreich eine Fremde und vermochte in ihrem neuen Heimatlande nicht allgemeine Achtung und Liebe zu gewinnen. Der junge König suchte der „öffentlichen Meinung", vor der das Ansehen des Königtums unter Ludwig XV. auf das tiefste gesunken war, sogleich entgegenzukommen, indem er die allgemein verhaßten Männer des „Triumvirats" entließ und sich mit Ministern mehr feudalistisch-konservativer Richtung umgab. Sein Mentor und leitender Minister wurde Maurepas, ein dreiundsiebzigjähriger, in Erfahrungen ergrauter Hofmann, während er einen Premierminister von der Bedeutung Choiseuls aus Sorge um die königliche Autorität nicht aufkommen lassen wollte. Persönlich ungern vollzog er die Rückberufung der unter Ludwig XV. zuletzt aufgelösten Parlamente, um dem konservativen Rechtsgefühl zu entsprechen. Unter lauten öffentlichen Beifallskundgebungen, die wesentlich ihrem Widerspruchsgeist gegen die absolute Monarchie galten, zogen die Magistraturen wieder in die Städte Frankreichs ein. Hatten sie stets in Spannung mit der absoluten Königsgewalt der Neuzeit gestanden, so stemmten die Parlamente sich jetzt entschieden gegen jede Erweiterung derselben; als Sieger wollten sie mit Hilfe der in ihre Hand gelegten rechtlichen Interpretation die königliche Regierung auf die Bewahrung aller politischen und wirtschaftlichen Gerechtsame festlegen und alle einseitig vom Königtum ausgehenden Staatsreformen als den Gesetzen des Königreichs zuwiderlaufend verhindern, wobei sich in ihrer Vorstellung von „Fundamentalgesetzen" das Festhalten an ererbten Vorrechten oft eigentümlich mit der humanitären und vernunftrechtlichen Denkweise der Aufklärung verband. Der König wollte keineswegs die absolute Monarchie den Parlamenten preisgeben; er schränkte die Rechte derselben bei ihrer Wiederherstellung erheblich ein. Aber als sie den königlichen Ordonnanzen zuwider sich erneut das Recht der Erörterung und „Remonstranz" vor der Registrierung königlicher Edikte beimaßen, war Ludwig XVI. schwach genug, nachzugeben; so wirkte alles nur als Zeichen der Schwäche, nicht eines tätigen Reformwillens auf seiten der königlichen Regierung.

Einen weit größeren Versuch bedeutete es, daß der König den ehemaligen königlichen Intendanten und physiokratisch-ökonomischen Schriftsteller Turgot als seinen ausgesprochenen Vertrauensmann, als „Ehrenmann" voll gemeinnütziger Arbeitskraft und „Tugend" zum Generalkontrolleur der Finanzen (Finanzminister) erhob. Turgot hatte in seinen Schriften den „aufgeklärten Despotismus" verkündet, in welchem der König absoluter Gesetzgeber nach den Geboten der Vernunft war, unzugänglich allen Sonderinteressen und nur dem Glücke aller zugetan; er hatte Freiheit der landwirtschaftlichen und industriellen Produktion, freien Güterumlauf, freien Getreidehandel unter Anreiz des persönlichen Interesses und des freien Wettbewerbs und, nüchterne Moralbegriffe über Religion und Theologie stellend, religiöse Toleranz, freie Kirche im vernunftgemäß geleiteten Staate gefordert. Eine Schar von Physiokraten und Enzyklopädisten wurde im Amtsbereich des neuen Ministers untergebracht. Die „Tugend und Vernunft" sahen Voltaire und die „Philosophen", in deren Augen die Parlamente nur noch Hüter verrotteter Vorurteile waren, in ihm zur Regierung gelangt.

Unbekümmert um Einzelinteressen und gegenteilige Meinungen, die er als „Vorurteile" verachtete, packte Turgot in doktrinärem Vertrauen auf die Grundsätze der „Vernunft", die ihn leiteten, sogleich eine Fülle der schwierigsten Aufgaben an. Er ging an den Ausgleich des immer tiefer zerrütteten Staatshaushaltes und erzielte durch Ersparnisse, unnachsichtige Einschränkung der höfischen Gnaden und persönlichen Teilhaberschaften an den Staatseinnahmen sowie durch Verminderung der Erhebungskosten im ersten Jahr eine erhebliche Verminderung des Defizits, um den Preis unversöhnlicher Feindschaft der in ihren Vorteilen getroffenen Steuerpächter und Höflinge. Zugunsten der ärmeren Volksschichten wurden indirekte Abgaben teils abgeschafft, teils ermäßigt und auf die bisher Eximierten ausgedehnt. Darüber hinaus kündigte Turgot alsbald die Abschaffung der bäuerlichen Frondienste am Wegebau und die Heranziehung der Privilegierten zu den öffentlichen Lasten an. Einen „neuen Himmel und eine neue Erde" glaubte Voltaire kommen zu sehen, als durch ein Edikt vom 13. September 1774 anstelle der bisherigen amtlichen Regulierung des Getreidehandels von Provinz zu Provinz freier Umlauf des Getreides im ganzen Königreich und unbehinderte Einfuhr ausländischer Lebensmittel angeordnet wurde. Im Sinne der physiokratischen Doktrin sollte der freie Verkehr die Produktion heben und die Versorgung der Gesamtbevölkerung sicherstellen. Finanzleute, Adlige und Amtspersonen, die durch Turgots Maßnahmen ihre Rechte beeinträchtigt fühlten, verbreiteten umgekehrt die Meinung, daß Teuerung und Hungersnot folgen würden, und schürten die allgemeine Unzufriedenheit, als infolge einer schlechten Ernte tatsächlich Anfang 1775 eine Teuerung einsetzte. In vielen Teilen Frankreichs entstanden Unruhen; organisierte Banden, die „Armee des Jean Farine" genannt, plünderten die Märkte und entzündeten Anfang Mai auch in Versailles und Paris die „guerre des farines", den „Mehlkrieg". Erst nachdem der Monarch gegen einen lässigen Polizeileutnant sich hinter Turgot gestellt hatte, wurde der Aufstand in Paris polizeilich unterdrückt. Zu den Gegnern des Ministers gesellte sich die Geistlichkeit, als der neue Staatssekretär Malesherbe, ein Freund Turgots, die Benachteiligung der Hugenotten abzustellen begann, und als Turgot selbst einer Versammlung der Geistlichkeit Verweltlichung des Unterrichts, Umwandlung der kostspieligen kirchlichen Krankenhäuser und regelrechte Staatssteuern des Klerus statt der bisherigen freiwilligen Bewilligungen, der „dons gratuits" vorschlug; Kirche und „Palais", Geistlichkeit und Parlamentsjustiz bekämpften jetzt Hand in Hand durch Einsprüche und Schriftenverbot die Beseitigung der finanziellen Privilegien und die Verbreitung der vom königlichen Conseil sehr weitherzig zugelassenen kritischen und freigeistigen Schriften als Attentate auf „Altar und Thron".

Durch die wachsende Zahl seiner Gegner unbeirrt, ging Turgot seinen Weg weiter, solange das königliche Vertrauen ihn stützte. Durch Edikte vom Januar 1776 wurden die bäuerlichen Frondienste beseitigt und durch Geldabgaben der Grundbesitzer ersetzt, Zünfte und wirtschaftliche Korporationen wurden abgeschafft, und die Ausübung von Handel und Handwerk wurde unter bloßer polizeilicher Registrierung freigegeben. Turgot sah in diesen Maßnahmen den Anfang zu einer gleichmäßigeren Besteuerung und zu einer billigeren Produktion auf Grund freier Konkurrenz. Beratende Munizipalitäten mit Selbstverwaltungsaufgaben zur Unterstützung, nicht zur Kontrolle der Staatsverwaltung sollten das Werk vollenden. Tatsächlich wurden jedoch durch die unerwartete Befreiung vielfach bäuerliche Gewalttaten, Unordnung und Disziplinlosigkeit in Handel und Gewerbe ausgelöst, der übereilte Abbau der Prohibition an den Grenzen ließ Rohstoffe abströmen und ermutigte die industrielle Konkurrenz des Auslandes. Adel und Klerus, Parlament und Industrielle setzten sich zur Wehr; das Pariser Parlament remonstrierte, weil es die Fundamentalregel des natürlichen Rechtes, des Völkerrechtes und der bürgerlichen Regierung sei, jedem das ihm Gehörige zu bewahren. Ihrem vereinten Zudringen, dem auch die Königin sich anschloß, gab der König nach und ließ im Mai 1776 Turgot fallen. Der gestürzte Minister, dem das Wohl der Minderbemittelten immer besonders am Herzen gelegen hatte, behielt keinen Anhang im breiteren Volk; über die bestehenden alten Organisationen der Stände, Magistraturen und Zünfte hinaus, die er gegen sich aufgebracht hatte, hätte nur ein starker König Volkswillen und allgemeines Wohl gegen die vorherrschenden Gesellschaftsmächte noch repräsentieren können. Turgots rationalistisches Idealbild einer Harmonie des Einzelnen mit dem Ganzen unter einem von Vernunft und Gerechtigkeit erleuchteten Königtum, in einer Welt des Friedens und natürlichen Ausgleichs, scheiterte an der Schwäche des Königs wie an der Härte der

Gegenkräfte, die einem solchen Ideal innen- wie außenpolitisch entgegenstanden.

Dem Ministerium Turgot folgte binnen weniger Monate eine vollständige Reaktion, die Wiederherstellung aller abgeschafften Institutionen und Mißbräuche; die königlichen Gnadengeschenke und Pensionen stiegen seitdem ungemessen an. Um den überall aufschießenden Reformforderungen doch irgendwie Genüge zu tun, wurde der Genfer Necker, der in Paris sein Glück als Bankier gemacht hatte, und zwar ein Gegner der Handelsfreiheit und physiokratischen Theorie, aber doch ein Freund der „Philosophen" und Schriftsteller war, in die Finanzverwaltung berufen. Er vermied durchaus die großen politischen Programme, wußte aber doch durch eine an Einfällen reiche Finanzpolitik mit Lotterien und Rentenverkauf, mit in- und ausländischen Anleihen wenigstens die laufenden Bedürfnisse zu decken und die Kosten des neuen amerikanischen Krieges mit England aufzubringen. Als Ratgeber der inneren Verwaltung veranlaßte er Versuche einer provinziellen Selbstverwaltung, die an physiokratische Projekte anknüpften, aber an den anarchischen Ansprüchen aller Privilegienvertreter scheiterten. Indem Necker überall eine mittlere Linie einzuhalten suchte zwischen Colbertismus und Freihandel, zwischen Literaten und Parlamenten, zwischen Erleichterungen für die Protestanten und Rücksichten auf die katholische Geistlichkeit, verfiel er selbst dem allgemeinen Mißtrauen; als er, der als schweizerischer Calvinist nur die bescheidene Stellung eines Generaldirektors der Finanzen erhalten hatte, zum Minister aufsteigen wollte und an die Öffentlichkeit appellierte, sah der König sich vor die Gefahr der Demission aller Minister gestellt und entließ ihn 1781. Die nun folgenden finanziellen Experimente gehören schon zur unmittelbaren Vorgeschichte der Revolution. Der Generalkontrolleur Calonne (seit 1783), ein leichtfertiger Spieler, versprach durch unbegrenzte Mehrausgaben den Kredit des Staates zu heben, schmeichelte dadurch der zunehmenden Verschwendungssucht des Königs und des Hofes und trieb in hemmungslose Mißwirtschaft hinein.

Die Anläufe König Ludwigs XVI., einen aufgeklärten Absolutismus auch in Frankreich zu verwirklichen, waren in seinem Mangel an Kraft und Stetigkeit gegenüber den Widerständen der Privilegierten untergegangen. Seine persönliche menschenfreundliche Gesinnung ließ der Propaganda humanitärer Ideen freien Lauf; das Los der Gefangenen wurde erleichtert, und die in der literarischen Meinung verpönten „lettres de cachets" fanden nur noch als eine Art Schutzhaft Verwendung, um verschuldete Adlige der Verfolgung durch die Gerichte zu entziehen; aber dadurch konnte der Schein des willkürlichen

Despotismus nicht ausgelöscht werden. Während die Aufklärung allgemeine Menschenrechte verkündete, ist das soziale Leben Frankreichs unter dieser Regierung gekennzeichnet durch eine zunehmende
Abschließung und Entfremdung der Stände. Zur Zeit Turgots hatte
noch der Kriegsminister St. Germain (1775—1777) als sachlicher Sol-
dat für eine qualitativ verbesserte, restlos dem König unterstellte
Armee unter Hintanstellung der Geburtsvorrechte gearbeitet. Auf
einen Beschluß des königlichen Rates von 1781 wurde der Zugang zu
den Offiziersstellen auf adlig Geborene mit mindestens vier Graden
beschränkt und damit dem Klassenegoismus eines nicht wie in Preußen dem Staate verpflichteten Adels ausgeliefert. Die Aufklärungs-
ideen, die jetzt auch in Frankreich freier in die Breite wirkten, paß-
ten sich dabei oftmals dem Weltbild der verschiedenen Stände, vor
allem aber doch dem des Bürgertums an, das durch wachsende In-
dustrialisierung und den von der französischen Diplomatie dieser Zeit
geförderten Aufschwung des Außenhandels einen beträchtlichen Auf-
stieg erlebte. Empfindsamkeit, Philanthropie und Humanität führten
in Frankreich nicht zu einer neuen geistigen Erhebung wie in Deutschland, kamen aber den Lebensidealen des Bürgers und der Schwärme-
rei für den einfachen Landmann zugute, fanden einen Niederschlag
in den bürgerlichen und ländlichen Spielereien des Hoflebens und
wirkten sich hier und da auch in einer wohlwollenden Erleichterung
des materiellen Loses der Bauern aus. Ein hausväterlich-sittenstrenges
Idealbild des Bürgers und Bauern setzte sich ab von der lasziven Mo-
ral, die trotz des persönlichen Vorbildes Ludwigs XVI. in der Aristokratie konventionell blieb. Indessen wurde die höfisch-aristokra-
tische Reaktion dadurch, anders als in den meisten Teilen Deutsch-
lands, nicht gemildert, sondern eher verschärft. Das französische Leben dieser Jahre vor der Revolution — das man nach Talleyrands be-
kanntem Wort gekannt haben mußte, um zu wissen, was Leben
heißt — hat sich in dem Nebeneinander der Gesellschaftsschichten
zersetzt und ist trotz seines geistigen Reichtums nicht mehr zu einer
Übereinstimmung mit den politischen Ansprüchen und Notwendigkeiten des Staates gebracht worden, nicht davon zu reden, daß es
diese durch politische Volkskraft zu erfüllen vermocht hätte.

DIE REVOLUTION

DAS ALTE FRANKREICH
VOR 1789

DIE ZEIT DER ABSOLUTEN MONARCHIE

Das Königreich Frankreich war am Ende des 18. Jahrhunderts nicht mehr die in Europa vorherrschende Macht wie hundert Jahre zuvor, aber es war immer noch der stärkste und geschlossenste Staat. Dieser Staat war das Werk seiner Könige, die seit dem Ende des Mittelalters allen abendländischen Staaten vorangegangen waren in der Ausbildung der absoluten Monarchie. Die Könige hatten aus dem französischen Lande ein einheitliches Reich gemacht, indem sie die Anarchie, die aus dem Lehnswesen des Mittelalters zu entstehen drohte, durch eine einheitliche königliche Rechtspflege und Verwaltung überwanden und die Lehnsfürsten, die immer wieder zur Begründung selbständiger Landesherrschaften strebten, unterwarfen. Sie hatten den höheren und niederen Adel aus der politischen Mitbestimmung ausgeschaltet und ihn gezwungen, sich dem von ihnen geschaffenen Staate einzuordnen. Sie hatten alle Energien des Landes zunehmend in ihrer Hauptstadt Paris zusammengezogen, der großen Handelsstadt, die seit dem Mittelalter schon ein geistiger Mittelpunkt für Europa, seit dem 15. Jahrhundert auch mehr und mehr Sitz aller französischen Zentralbehörden war. Paris, die Stadt des Hofes, der seinen ständigen Sitz in dem benachbarten Versailles hatte, die Weltstadt der Luxusgewerbe und der aristokratischen Salonkultur, war der einheitliche Sammelpunkt für die französischen Provinzen, die sich untereinander vielfach fremd und abgeschlossen gegenüberstanden, der Sitz aller wirtschaftlichen und geistigen Aktivität; es hatte „die Provinzen vollständig verschlungen" (Tocqueville).

Der König von Frankreich war souverän, unabhängig nach innen wie nach außen. Er besaß in seinem Lande das alleinige Gesetzgebungs- und Besteuerungsrecht und teilte seine Gewalt grundsätzlich mit niemandem; sein Wille war Gesetz. Aber seine Souveränität war dabei doch durchaus keine totalitäre Staatsallmacht im modernen Sinne. Er war an ungeschriebene Gesetze und an Gegenkräfte von vielerlei Art gebunden: an göttliches und natürliches Gesetz, an „Grundgesetze des Königreiches", wozu die Erblichkeit und Unteilbar-

keit der Krone und das Verfahren der Gesetzgebung gehörte, und an
die ständischen Überlieferungen, die durch das Königtum zurückgedrängt, aber nicht beseitigt waren.

Die Grundlagen der mittelalterlichen Lehensverfassung waren,
wie überall im damaligen Europa, im königlichen Frankreich bestehen geblieben in der Einrichtung der Seigneurie, den Vorrechten
des Adels, und den Sonderrechten ständischer Körperschaften. Fast
alles Land — außer den Städten — hatte seinen Seigneur, seinen
adligen oder geistlichen Grundherrn. Einst waren mit dieser Herr-
schaftsstellung des Lehnsadels Aufgaben der Verteidigung und Verwaltung verbunden gewesen, die damals nur mittels der einzelnen
Grundherren ausgeübt werden konnten. Diese Aufgaben waren hinfällig geworden mit der Ausbildung besoldeter königlicher Heere,
königlicher Gerichte und Verwaltungsbehörden. Die obrigkeitliche
Gewalt, welche die Seigneurs früher über ihre ländlichen Untertanen
hatten, war zusammengeschmolzen. In ihrem Namen wurde noch die
patrimoniale Gerichtsbarkeit auf der untersten Stufe ausgeübt; sie
unterlag aber der Aufsicht königlicher Organe und der Berufung an
die königlichen Gerichte, deren Rechtsgang freilich langwierig und
teuer war. Die Leibeigenschaft der bäuerlichen Untertanen, französisch
schlechtweg als Sklaverei (servage) bezeichnet, war unter der planmäßigen Einwirkung der Könige schon am Ende des Mittelalters im
größeren Teile Frankreichs gefallen und bestand nur noch in den
östlichen Provinzen in Gestalt gewisser persönlicher Freiheitsbe-
schränkungen (der sogenannten mainmorte). Aus der Führung der
ländlichen Verwaltung war der Feudaladel seit dem 17. Jahrhundert
ebenso wie aus der politischen Mitbestimmung durch die absolute
Monarchie verdrängt worden. Aus seinen Untertanen waren „Bewohner der Seigneurie" geworden, die ihr Land vielfach zu Eigentum
besaßen und den Seigneur nur noch als den ersten Grundbesitzer,
keineswegs aber als Führer und Schutzherrn betrachten konnten.
Um so drückender mußten die äußeren Rechte empfunden werden,
die den Inhabern der Seigneurie geblieben waren: vorzugsweise
Rechte dinglicher Art, mancherlei Natural- und Geldabgaben, Rechte
auf Dienstleistungen, auf Jagd und Fischfang, Wege- und Brücken-
steuern, Marktrechte und sogenannte Bannrechte, die zur Benutzung
der herrschaftlichen Mühlen, Keltern und Backöfen zwangen. Das
alles wurde vom grundherrlichen Adel zäh festgehalten als Grundlage seiner Lebenshaltung, aber ohne eine entsprechende gesellschaft-
liche Leistung.

Und je mehr diesem Adel die politische Macht im Lande durch
das Königtum entwunden war, um so mehr beruhte seine Existenz

auf den Vorrechten, die der Adlige kraft seiner Geburt besaß. Zu dem Rest der seigneuralen Rechte kamen weitgehende Steuerfreiheit und das alleinige Anrecht auf zahlreiche Ämter und Pfründen, auf gutbezahlte Ehrenstellen in der Verwaltung und fast alle Offiziersstellen in der königlichen Armee. Durch solche arbeitslosen Vorrechte und mancherlei Gnaden und Pensionen hatten die Könige den alten Feudaladel zu entschädigen gesucht für den Verlust der ehedem von ihm ausgeübten eigenen Macht. Seine politisch-gesellschaftliche Aufgabe erschöpfte sich nun darin, daß der Glanz des königlichen Hofes, die Repräsentation der königlichen Würde nach innen und außen durch Männer von adliger Haltung und Tradition gewahrt wurde.

In verschiedenen Schichten hatte sich die königliche Verwaltung über das Land gelegt. Inhaber von Ämtern und Einrichtungen, die einst die königliche Gewalt gegenüber den Feudalherren durchgesetzt hatten, waren inzwischen in ihren eigenen Rechten wieder verfestigt und gegenüber dem Königtum nahezu unabhängig geworden. Das wurde dadurch gefördert, daß die Krone sich gewöhnt hatte, viele Ämter, vor allem in der Justiz, gegen Geldzahlungen zu vergeben; die Ämter wurden sogar erblich und verliehen ihren Trägern große persönliche Unabhängigkeit. Auf solchen erblichen Rechten beruhte die Stellung der Parlamente, der höchsten königlichen Gerichtshöfe in Paris und einigen Grenzprovinzen. Sie hatten seit alters die Aufgabe, die Einheit der Rechtsentwicklung im Königreich zu wahren, und mußten zu diesem Zweck alle königlichen Edikte registrieren und an dem bestehenden Recht prüfen. Sie hatten das Recht des Widerspruches (der Remonstranz), wenn Grundgesetze des Königreiches verletzt worden waren, und übten dieses Recht in einseitiger und auch gegen das absolute Königtum gerichteter Weise aus, je mehr die ihnen angehörigen rechtsgelehrten Räte sich mit adligem Standesbewußtsein und Standesinteresse durchdrangen. Die Parlamente wurden zur Schutzstätte aller Arten von Privilegien und suchten mit diesen das Königtum und seine Beamten im 18. Jahrhundert möglichst wieder einzuschränken.

Als mächtigste unmittelbare Vertreter der königlichen Gewalt führten etwa 30 Intendanten mit den ihnen untergebenen Beamten die Anordnungen der Ministerien im Lande aus. Aber alte Sonderrechte der Stände, der Städte und auch einzelner Provinzen setzten ihnen vielfach Grenzen und fanden eine Stütze bei den mächtigen hohen Gerichtshöfen, den Parlamenten. In einigen Landesteilen gab es daneben noch Provinzialstände, bestehend aus Vertretern des geburtsberechtigten Adels, der Geistlichkeit und der Städte, mit dem Recht selbständiger und begrenzter Steueraufbringung. In früheren

2*

Jahrhunderten hatten die Könige daraus Generalstände gebildet zur Aufrechterhaltung der Einheit des Königreiches und zur Billigung neuer Steuerauflagen. Aber das Königtum hatte dann in solchen ständischen Versammlungen eine Gefahr für seine eigene Macht gesehen und seit 1614 die Generalstände nicht mehr zusammenberufen. Während in England aus den ständischen Versammlungen das britische Parlament entstanden war und sich ein ständiges Gesetzgebungs- und Besteuerungsrecht erkämpft hatte, schienen sie in die absolute Monarchie Frankreichs nicht hineinzupassen. Dafür wachten hier die standesstolzen hohen Gerichtshöfe darüber, daß die Monarchie beschränkt blieb durch ihre Bindung an das Herkommen, die Privilegien und die Grundgesetze.

In der französischen Bevölkerung des 18. Jahrhunderts waren die verschiedenen Stände kastenartig nach den Maßstäben der Geburt und ererbter Rechte voneinander abgeschlossen. Innerhalb der großen Standesschichten hoben sich wieder zahlreiche kleinere Gruppen durch ihre Lebensverhältnisse und ihre Rechte voneinander ab. Neben den reichen Adelsfamilien, die in der Umgebung des Hofes mit hoher Lebenskunst, großen Einkünften und reichen königlichen Zuwendungen lebten, stand ein zahlreicher Landadel, der auf ländlichen Schlössern seine bescheidenen Einkünfte verzehrte und sich oft verschuldete, um gleich seinen wohlhabenderen Standesgenossen ein Salonleben in der Stadt führen zu können. Die jüngeren Söhne dieser Familien waren auf Versorgung durch den König in der Armee oder mit Ämtern und Pensionen geradezu angewiesen. Dem alten Lehnsadel stand der Dienstadel der Parlamentsräte und neugeadelten königlichen Beamten gegenüber mit gleichen erblichen Vorrechten, jenem an Reichtum nicht nachstehend, an Bildung und Ernst oft überlegen und doch immer noch nicht als gleichwertig anerkannt. Schließlich konnten auch reich gewordene Bürgerliche Adelstitel vom König erkaufen, Schlösser und Seigneurien erwerben und das Ansehen des Standes vollends untergraben. Unstandesgemäß war für den ganzen Adel jede gewinnbringende Beschäftigung außer dem Staats- und Hofdienst und der Verwertung seiner Landgüter. Beschäftigungslos und anspruchsvoll, hatte dieser Adel viel von dem Zeitgeist der Aufklärung angenommen und sich daran mit der Lust am Zweifel und am eitlen geistigen Spiel erfüllt. Man spielte im Salongespräch gern mit den Fundamenten der bestehenden Gesellschaftsordnung, besonders mit der Kritik an Kirche und Religion, leichtfertig und vom Rechte des eigenen Daseins nicht mehr voll überzeugt. Einzelne Adlige durchdrangen sich auch mit gemeinnützigen, ja mit bürgerlich-freiheitlichen Ideen; sie vermochten damit an der Zwecklosigkeit ihres ganzen Standes nichts zu ändern und haben sein Verhängnis nur beschleunigt.

Wie die weltlichen Seigneurs zehrten die kirchlichen Würdenträger von Renten und feudalen Rechten, die der kirchliche Grundbesitz abwarf. Die hohen Geistlichen, Erzbischöfe, Bischöfe und Äbte, waren große, sehr weltlich gesonnene Herren, durchweg aus adligen Familien, vom König ernannt und ihm dadurch verbunden. Sie stellten einen wesentlichen Bestandteil der höfisch-aristokratischen Gesellschaft dar. Die Masse der niederen Geistlichkeit, meist bäuerlicher Herkunft, versah in Stadt und Land bei kümmerlicher Bezahlung den kirchlichen Dienst. Sie war naturgemäß geneigt, mit den einfachen Leuten zu fühlen, und radikaler Kritik sehr zugänglich. Die gesamte Geistlichkeit bildete den ersten privilegierten Stand mit dem Vorrecht der Steuerfreiheit, das nur durch bescheidene freiwillige Zuwendungen an die Krone gemildert wurde. Dieses Vorrecht wirkte um so gehässiger angesichts der gewaltigen Kirchengüter, deren Erträge den verweltlichten hohen Prälaten zugute kamen.

Die nichtadligen Stände, von den Adligen insgesamt als roh und gemein (die „rôture") verachtet, waren unter sich noch mehr als jene abgestuft und gegeneinander abgeschlossen. Es gab wohlangesehene und gutsituierte Juristenfamilien, die nach der Verleihung des Adels strebten; es gab reiche bürgerliche Grundbesitzer in Stadt und Land, deren Ziel es war, in den Kreis der Privilegierten aufzurücken. In den Städten lebte ein wirtschaftliches Großbürgertum, wohlhabende Gewerbetreibende, Industrielle und Kaufleute, welche die Ämter in der städtischen Selbstverwaltung innehatten, freilich unter scharfer Kontrolle der königlichen Beamten. Die Mittelschicht in Stadt und Land, die in Zünfte eingeordneten Handwerksmeister und Händler, entwickelten unter sich einen besonders engen Gruppengeist, suchten auch ihrerseits Vorrechte und Ämter zu erwerben und festzuhalten. Erst unter ihnen stand das, was man schlechthin das „Volk" nannte, das Volk ohne Privilegien. Es waren in den Städten Handwerksgesellen, Bediente, Tagelöhner, Vagabunden und Lumpenproletariat; auf dem Lande die zahlenmäßig größte Klasse der Bevölkerung: die Bauern. Von etwa 26 Millionen Einwohnern, die Frankreich vor der französischen Revolution hatte, gehörten fast vier Fünftel der bäuerlichen, meist kleinbäuerlichen Bevölkerung an. Auf den Bauern, französisch einfach Landleute (paysans) genannt, lagen fast alle Lasten der agrarischen Produktion, die Abgaben und Dienste für die Feudalherren, Pachtabgaben und dazu die größten Steuerlasten. Sie waren persönlich zumeist frei, vielfach freie Eigentümer oder wirtschaftlich selbständige Pächter, da der Adel die Selbstbewirtschaftung seiner

Güter durchweg verschmähte. Aber in wirtschaftlich schlechten und selbst in guten Zeiten lebten sie elend und gedrückt und waren mißtrauisch befangen in einer rückständigen und ärmlichen Wirtschaftsweise.

Der in herkömmlichen Abschließungen und Gesetzen erstarrte Gesellschaftsaufbau Frankreichs war im Laufe des 18. Jahrhunderts in zunehmenden Widerspruch zu den wirtschaftlichen und geistigen Wirklichkeiten der Zeit geraten. Englische Erfahrungen und Wirtschaftslehren hatten bereits gezeigt, wie der landwirtschaftliche Ertrag gesteigert werden konnte durch rationellere Bodenbearbeitung und Bodengewinnung. Wirtschaftliche Schriftsteller und aufgeklärte Beamte bemühten sich auch in Frankreich um Beseitigung der Besitzzersplitterung und um Lockerung der feudalen Fesseln, welche die freie Bewirtschaftung des Bodens hemmten. Aber das Festhalten der Grundherren an ihren Feudalrechten und der durch Mißtrauen genährte zähe Beharrungssinn der kleinen Bauern hinderten jeden derartigen Fortschritt. Es kam im Gegenteil am Ende des 18. Jahrhunderts vielfach zu einer feudalen Reaktion, indem Grundherren aus Geldbedürfnis ihre Rechte gegenüber den Nichtprivilegierten, darunter schon halb vergessene oder nachlässig wahrgenommene, aufs neue in Grundbüchern (terriers) schriftlich festlegen ließen. Der Gedanke einer Ablösung der feudalen Lasten, die bereits von verschiedenen aufgeklärten Herrschern in Europa in Angriff genommen war, wurde in Frankreich durch die Parlamente als ungesetzmäßig verworfen und verfolgt.

Im Kleingewerbe erhielt die Regierung aus fiskalischem Interesse künstlich eine altertümliche Zunftorganisation aufrecht, die allen technischen Neuerungen im Wege stand und der Ausweitung des Marktes und der Produktion hinderlich war. Es konnte dennoch nicht verhindert werden, daß daneben unorganisierte neue Gewerbe aufkamen. Aus den Fabriken, die vom Staate gefördert und kontrolliert wurden, war in der zweiten Hälfte des 18. Jahrhunderts schon ein Netz von großindustriellen Unternehmungen geworden, die sich der staatlichen Bevormundung zu entziehen trachteten. Landschaftsweise waren Spinnerei und Weberei durch große verlegerische Unternehmer in Heimarbeit organisiert. Dazu drangen die aus England kommenden technischen Erfindungen, auch Maschinen und Werkstättenorganisationen in die Webstoffindustrie, in das Metallgewerbe und den Bergbau Frankreichs ein. Die „industrielle Revolution", die in England begonnen hatte, fand in Frankreich langsam Nachfolge. Ein großbürgerliches, kapitalkräftiges Unternehmertum entstand in Paris und den gewerbereichen Handelsstädten der Provinzen. Wie die Hauptstadt wuchsen die Seestädte, vor allem die atlantischen Häfen, und wurden zu Stätten der Betriebsamkeit, des Luxus und des bürgerlichen Wohlstandes. Der französische Handel, insbesondere der Außenhandel mit Erzeugnissen des Luxus und Kunstgewerbes, mit Webwaren und Weinen, hat sich im Laufe des 18. Jahrhunderts vervielfacht. Ein freierer, den Marktgesetzen unterworfener Handel verdrängte den alten, behördlich geschützten Monopolhandel und wurde von der Regierung durch Verkehrsverbesserungen und Handelsverträge gefördert. Aber Zollgrenzen zwischen den Provinzen, unberechenbare Verkehrsabgaben und mancherlei sorgfältig gehütete Sonderrechte hinderten noch Handel und Großgewerbe an freier Entfaltung. Der großbürgerliche Kapitalist stieß überall auf staatlich geschützte Privilegien, an denen er nicht Anteil hatte, und sie wurden ihm, der selbst meist nach Grunderwerb und voller Gleichberechtigung mit den Adligen strebte, noch früher als den unteren Schichten sinnlos und verhaßt.

Eine überalterte Steuergesetzgebung, kompliziert und kostspielig in der Verwaltung, traf einseitig die schwächeren Schultern, vor allem die Bauern, und verschonte die Rentner, Kaufleute und Finanziers ebenso wie den hohen Klerus und die großen Seigneurs. Sie vermochte trotz der reichen Hilfsquellen des Landes den Bedarf des Staates nicht aufzubringen. Auch der Staatskredit ließ sich in diesem Lande mit seiner überall durch Gewohnheiten und Rechte gehemmten Wirtschaft noch nicht so anspannen, daß damit die in den Kriegen des 18. Jahrhunderts zerrütteten Staatsfinanzen in Ordnung gebracht werden konnten.

Überall traten die politischen und gesellschaftlichen Ordnungen den Bedürfnissen der nach oben drängenden, aber auch der mittleren und unteren Schichten hemmend in den Weg, um einen veralteten Macht- und Gesellschaftsapparat zu stützen. Und gleichzeitig verbreiteten die Lehren der Aufklärung, die von einer großen Schar weltläufiger Schriftsteller adliger und bürgerlicher Herkunft in Frankreich vertreten wurde, eine neue gemeinsame Bildung, die auf Autonomie der Vernunft, Ablehnung alter Autoritäten, natürliche Gleichheit und Erziehbarkeit aller Menschen hinauslief. Aufklärerisch-freigeistige Haltung war für die Mehrzahl der Gebildeten — viele hohe Geistliche nicht ausgenommen — allmählich zur Selbstverständlichkeit geworden. Sie hatte zunächst der Kirche im Laufe des Jahrhunderts ihre frühere geistige Macht entzogen und damit die soziale Vorzugsstellung der Geistlichkeit ebenso wie die Meinung vom göttlichen Recht des Königtums, die amtlich noch immer vertreten wurde, fragwürdig gemacht. Weltlich-aufgeklärte Staatslehren, die das Gemeinwesen nach Grundsätzen der Vernunft und des allgemeinen

Nutzens zu konstruieren suchten, gewannen Geltung. Montesquieu, der führende Staatstheoretiker der Jahrhundertmitte, hatte die konstitutionelle, durch Volks- und Adelsvertretung beschränkte Monarchie nach englischem Vorbild als Muster einer freiheitlichen Verfassung hingestellt. Weit über ihn hinausgehend, pries der Genfer Rousseau als einzig vollkommene Staatsform die unmittelbare Demokratie, in welcher nur der allgemeine Wille herrscht und allen die Freiheit gewährleistet, soweit sie mit der Gleichheit vereinbar ist. Die Lehren der ökonomistischen (wirtschaftstheoretischen) Schriftsteller, unter denen die sogenannten Physiokraten hervorragten, empfahlen die freie wirtschaftliche Tätigkeit des einzelnen, den Freihandel und die Selbstverwaltung als Wege zum allgemeinen Wohlstand. Alle diese Ideen machten Schule. In Lesegesellschaften und landschaftlichen Akademien sammelten sich freie Intellektuelle, Schriftsteller, Ärzte, Anwälte mit Gewerbetreibenden und Kaufleuten und gaben sich unter zunehmender Kritik der staatlichen und kirchlichen Einrichtungen dem Ideal eines Gemeinwesens hin, in dem wirtschaftliche Zweckmäßigkeit, Rechtsgleichheit und Bürgertugend an Stelle der überkommenen Vorrechte herrschten. Ein gewisser bürgerlicher Republikanismus, der sich gern in Vorbildern und Reden des römischen Altertums bespiegelte, entwickelte sich hier oft in noch unklarer Vermischung mit den Bestrebungen der feudalen Reaktion. Noch mehr als die großen Schriftsteller der Aufklärung wurden schreibfreudige Popularphilosophen gelesen, die sich bald vorsichtig, bald heftiger in politischer und sozialer Kritik ergingen: Der träumerische Sozialreformer Gabriel Mably, dessen kühnste politische Schrift aber erst zu Beginn der Revolution erschien; der aufreizend-rhetorische Abbé Raynal; der despotenfeindliche Mercier; daneben auch die Materialisten Helvétius und Holbach, welche die Bedeutung der Gesellschaft für Entwicklung und Dasein des Menschen gleich Rousseau erkannten, wenn sie auch in ihren praktischen und politischen Folgerungen hinter ihm zurückblieben.

Das eigentliche „Volk" aber, die Masse der Ungebildeten in Stadt und Land, die nur erst zu einem kleinen Teil lesen und schreiben konnten, war von dem besitzenden und gebildeten Bürgertum und seinen aufgeklärten Idealen noch durch eine tiefe Kluft getrennt. Es sollte erst im Lauf der revolutionären Ereignisse zum Bewußtsein eigenen politischen Wertes erwachen. Ein einheitliches Proletariat gab es auch in den großen Städten noch nicht. Im allgemeinen fel lte dafür noch die Voraussetzung großer einheitlicher Fabrikbetriebe und gemeinsamer Arbeitsbedingungen. Doch gab es zahlreiche gedrückte und oft arbeitslose Handwerker und auch Tagelöhner, die zumeist in kleinen und kleinsten, von Verlagsunternehmern abhängigen Handwerksbetrieben arbeiteten, dazu Lohnarbeiter in einigen größeren Werkstätten. In Paris allein zählte man an 60 000 Handwerker, die keine Aussicht mehr hatten, in Zünfte aufgenommen zu werden; sie drängten sich besonders in einigen Vorstädten zusammen, wo freie Berufsausübung außerhalb der Zünfte gestattet war (vor allem in der Vorstadt St. Antoine), führten dort ein kümmerliches Leben und verzehrten sich in Mißbehagen und Sehnsucht nach besseren Existenzbedingungen. Nicht viel besser standen zahlreiche kleine Meister, die in verelendende Abhängigkeit von kapitalistischen Unternehmern geraten waren. Dazu strömte ein zunehmendes bettelndes Lumpenproletariat in der Hauptstadt zusammen — vielfach Landbewohner, die durch das wirtschaftliche Vorgehen der Grundherren „freigesetzt" waren und die Schar der „Armen" im ganzen Lande vermehrten. Alle diese Elemente bildeten zusammen mit den Lohnarbeitern nicht in ihrem Klassenbewußtsein, aber in ihrer Notlage eine Schicht von Proletariern. Aus ihren Reihen kamen die namenlosen Volkshaufen, die der Revolution besonders in Paris ihre schrecklichen Züge geben sollten.

König Ludwig XVI. hatte 1774 in jungen Jahren einen durch unglückliche Kriege geschwächten Staat mit geminderter königlicher Autorität und zerrütteten Finanzen übernommen. Er hatte, wie wir oben sahen (S. 10 ff.), in den Anfängen seiner Regierung einige Anläufe gemacht, nach der Art des aufgeklärten Absolutismus, wie er in einer Reihe festländischer Staaten herrschte, durch politische Reformen die Schranken hinwegzuräumen, die dem Aufwärtsstreben des Bürgertums, einem gleichmäßigen Geld- und Wirtschaftsverkehr und der Gesundung der Staatsfinanzen entgegenstanden. Aber diese Versuche, die durch den physiokratischen Reformer Turgot (1774 bis 1776) und den Genfer Bankier Necker (bis 1781) unternommen wurden, scheiterten bald infolge des Widerspruchs aller Privilegierten und der unverständigen Kleinbürgerschaft. Wohlmeinend und beschränkt, folgte der Monarch wechselnden Einflüssen. Er wollte gern die Privilegierten ebenso wie das Volk beglücken, ohne der königlichen Gewalt etwas zu vergeben, und erregte schließlich durch Schwäche überall Mißtrauen und Widerspruch. Seine Gattin, die stolze Wiener Kaisertochter Marie Antoinette, trug durch ihr eigenwilliges, vergnügungssüchtiges und verschwenderisches Verhalten sehr zur Unbeliebtheit des Hofes bei. Ihr politischer Einfluß, um den sie sich oft bemühte, blieb bis zur Revolution freilich weit geringer als man annahm. Höfische Verschwendung, steigende Abschließung der höheren Stände und feudale Reaktion gaben dieser Regierung am Ende das Gepräge.

Das Absinken des königlichen Ansehens kam in der französischen und europäischen Öffentlichkeit zu vernehmlichem Ausdruck anläßlich des sogenannten Halsbandprozesses von 1785/86. Ein höfischer Kardinal (Rohan) war einer Schwindlerin zum Opfer gefallen und hatte im vermeintlichen Auftrag der Königin ein kostspieliges Perlenhalsband erstanden, und obwohl die Königin mit diesem Tatbestande nichts zu tun hatte, brachte die gerichtliche Aufklärung so viel Kritik am Hofe, so viel Mutmaßungen über seine Leichtfertigkeit und Verderbtheit ans Licht, daß Goethe diesen Prozeß später die „Einleitung zur Revolution" nennen konnte.

In dem Bestreben, dem im Aufschwung befindlichen französischen Handel eine weitere friedliche Ausbreitung zu ermöglichen, schloß die Regierung 1786 einen Handelsvertrag mit Großbritannien, dem hundertjährigen Gegner Frankreichs. Der Vertrag steigerte die landwirtschaftliche Ausfuhr Frankreichs, setzte aber das französische Textilgewerbe der technisch überlegenen englischen Konkurrenz aus und verursachte im Jahre 1787 große Arbeitslosigkeit unter Handwerkern und Heimarbeitern. Gleichzeitig erlitt die Regierung Ludwigs XVI. einen schweren Rückschlag auch in ihrer Außenpolitik. Bis dahin war es der systematischen und klugen Diplomatie des Außenministers Vergennes gelungen, den englischen Gegner durch den amerikanischen Unabhängigkeitskrieg entscheidend zu schwächen und um Frankreich herum ein neues europäisches Bündnissystem zum Zwecke unblutiger Erhaltungspolitik aufzubauen, dem auch Holland, Englands alter Bundesgenosse, angehörte. 1787 aber sah die französische Politik unfähig und untätig zu, wie die ihr freundliche Partei der republikanischen „Patrioten" in Holland durch preußische Truppen im Bunde mit England wieder gestürzt und die englandfreundliche Herrschaft des Hauses Oranien wiederhergestellt wurde. Es war der Beginn eines neuen Wirtschafts- und Machtaufstieges der britischen Politik im Gegensatz zur französischen.

Den Handelsvertrag von 1786 und die politische Niederlage in Holland hat ein so scharfer Beobachter wie der Kaiser Napoleon später neben dem Halsbandprozeß als Gründe der französischen Revolution bezeichnet. Sie waren gewiß nicht die bewegenden Ursachen, sondern höchstens auslösende Momente; aber sie betrafen drei Voraussetzungen für den Ausbruch des revolutionären Geschehens, die teilweise durch dieses selbst bereits verschärft wurden: das allgemeine Mißtrauen gegen das Königtum, eine akute wirtschaftliche Krise und die Hilflosigkeit und Schwäche der Regierung.

DIE KONSTITUTIONELLE MONARCHIE
1789—1792

DIE VORREVOLUTION DER PRIVILEGIERTEN

Die französische Revolution von 1789 entstand nicht unmittelbar aus einer Bewegung der Schichten, die sie später entscheidend getragen haben: des wohlhabenden und des kleineren Bürgertums, der städtischen Proletarier und der gedrückten und übermäßig belasteten Bauern. Das Selbstbewußtsein der nichtprivilegierten, der erwerbenden und arbeitenden Bevölkerung hatte sich gerade durch den wirtschaftlichen Aufschwung des vorangehenden Menschenalters gehoben; den Willen zum politischen Durchbruch aber gewann es erst durch eine Bewegung der oberen Stände, die man als Vorrevolution der Privilegierten bezeichnen kann.

Diese Vorrevolution wurde ausgelöst durch das Bedürfnis der Monarchie, in der Nation einen Rückhalt zur Lösung ihrer Geldverlegenheiten zu finden. Graf Calonne, Finanzminister seit 1783, hatte noch einige Jahre mit Hilfe von Anleihen die königlichen Kassen flüssig erhalten; gewandt und leichtherzig im Beschaffen wie im Ausgeben des Geldes, hoffte er sich weiterhelfen zu können durch Reformen, durch Wegräumung wirtschaftlicher Schranken und gerechtere Steuerverteilung im Sinne eines „aufgeklärten Despotismus" und der physiokratischen Reformschriftsteller, mit denen er selbst in Verbindung stand. Aber jeder Versuch durchgreifender Reformen stieß auf Widerstände, über welche diese an Autorität geschwächte Regierung nicht mehr hinwegzuschreiten vermochte: bei den Provinzen, vor allem den weniger belasteten mit ihren Provinzialständen, bei den Körperschaften der Geistlichkeit und der städtischen Honoratioren; beim Hofadel mit seinen unkontrollierbaren Einflüssen und besonders bei den Parlamenten, die sich zu Vertretern aller bestehenden Sonderrechte machten und dabei Tendenzen der feudalen Reaktion verbanden mit den zeitgemäßen Gedanken des natürlichen Rechtes, der persönlichen Freiheit, der Herrschaft des Gesetzes gegenüber dem Despotismus des Königs und seiner Regierung.

Um gegenüber diesen Widerständen, namentlich dem der eigenwilligen Gerichtshöfe, der Regierung und dem Staatskredit eine festere

Stütze zu geben, bewirkte Calonne 1786 die Berufung einer Notabelnversammlung, deren Mitglieder vom König ernannt wurden, zur Beratung über ein von ihm vorgelegtes Programm, ohne das Recht eigener Forderung und Bewilligung. Die Notabelnversammlung trat im Februar 1787 zusammen. Ihre Mitglieder: vornehme Herren vom Adel und Klerus, städtische Bürgermeister und höhere Beamte, standen sachlich zum großen Teil den Reformabsichten der Regierung selbst nicht fern, waren vielfach von Ideen der Aufklärung erfaßt und bereit, auf allzu sichtbare Ungerechtigkeiten, wie die Steuervorrechte, zu verzichten. Aber sie waren erfüllt von dem allgemein verbreiteten Mißtrauen gegen die Regierung, von Abneigung gegen den staatlich-monarchischen Despotismus und knüpften jedes Zugeständnis an die Bedingung laufender Kontrolle über die königliche Verwaltung und Finanzgebarung; sie verlangten Wahrung aller „alten Formen" der Verfassung und dachten dabei ebensosehr an die Erhaltung der seigneuralen Rechte auf dem Lande wie an die Rechte der Parlamente und an bewilligende ständische Versammlungen mit fester Vorzugsstellung des Adels. Wollte die Regierung den Widerspruch feudaler Zwischengewalten gegen eine gleichmäßigere Belastung der Untertanen ausschalten und freie Bahn für die Durchsetzung der Staatshoheit gewinnen, so erwiesen sich die Notabeln als Vorkämpfer der feudalen Reaktion gegen den monarchischen Absolutismus in der Form eines Kampfes um die „Freiheit", der auch in den bürgerlichen Schichten begeistert begrüßt wurde.

Im Kampf um die Finanzkontrolle geriet der Minister Calonne in einen unheilbaren Zwist mit der Notabelnversammlung. Als er schließlich die öffentliche Meinung, das „Volk", für die Regierung gegen die bevorrechtigten Stände zu gewinnen suchte, fühlte sich der König durch die Entrüstung der Versammlung genötigt, ihn zu entlassen und berief, sehr gegen seinen Wunsch, einen Führer der Opposition in der Notabelnversammlung zum leitenden Minister: Lomenie de Brienne, einen religiös und politisch freidenkenden Bischof, der als Minister den König zu einigen unklaren Zugeständnissen nötigte, ohne selbst der Neigung zum ministeriellen Absolutismus widerstehen zu können. Die Notabelnversammlung bereitete der Regierung wachsende Schwierigkeiten und wurde Ende Mai 1787 ohne abschließende Verhandlung entlassen. Sie hat zuerst in weitgehender Öffentlichkeit die Verlegenheiten der Monarchie, vor allem ihre heillose Finanzzerrüttung enthüllt und den Kampf gegen den Absolutismus im Namen der „Freiheit" eröffnet. Sie einigte sich mit den Ministern über die Bildung von beratenden Versammlungen zur Unterstützung der Verwaltung in Provinzen, Distrikten und Gemeinden und stimmte sogar der

Verstärkung des „dritten Standes" darin zu; aber sie wünschte vor allem feste Rechte gegenüber der Krone aufzurichten, in erster Linie für den der praktischen Verwaltung weitgehend entfremdeten Adel.

Das Vorbild der Notabeln wirkte auf die neuen Provinzialversammlungen, vor allem aber auf die Parlamente, als die königliche Regierung sich genötigt sah, Dekrete über Steuerreformen und neue Anleihen doch wieder diesen hohen Gerichtshöfen zur Registrierung zu übermitteln. Sie begannen nun auch ihrerseits die finanziellen Verlegenheiten der Krone zur Forderung von ständigen Kontroll- und Einflußrechten zu benutzen. Das Parlament von Paris stellte als Verfassungsgrundsatz auf — ganz im Gegensatz zu der tatsächlichen Entwicklung Frankreichs in den letzten Jahrhunderten —, daß neue Steuern nur durch die Generalstände als „Nationalversammlung" und Vertretung aller Steuerpflichtigen bewilligt werden könnten, und es suchte die Parlamente als dauernde Vertretungen der nur vorübergehend tagenden Generalstände zur Dauerkontrollinstanz über die Regierung zu erheben. Es half wenig, daß der König wiederholt in feierlichen Sitzungen nach altem Zeremoniell die Registrierung seiner Edikte befahl; das Pariser Parlament setzte hinterher seinen Widerspruch fort, forderte Steuerheber und untere Gerichte zum Widerstand auf und warnte die Geldleute vor ungesetzlichen Anleihen an den Staat. Die aufreizenden Erklärungen („Remonstranzen") des Parlamentes wurden in der Öffentlichkeit verbreitet und fanden Beifall in allen Volksschichten; die aristokratischen Parlamentsräte wurden in Straßenaufzügen gefeiert als Bahnbrecher der Freiheit gegen den königlichen Despotismus — wobei ganz unbeachtet blieb, daß die von ihnen abgelehnten Steuern gerade der Belastung der bisher steuerlich geschonten Großbourgeoisie, der Rentner und Geldbesitzer, und der Beseitigung von Steuervorrechten dienen sollten. Die Regierung versuchte energische Maßnahmen: Sie verbannte das Parlament aus der Hauptstadt und ordnete, nach einer vorübergehenden Einigung, im Mai 1788 eine wesentliche Einschränkung des Wirkungskreises der alten Gerichtshöfe an durch eine allgemeine Gerichtsreform, die eine neue einheitliche Behörde für die Registrierung der Gesetze vorsah. Die Reform brachte an sich manche Fortschritte im Sinne einer einheitlichen und geordneten Rechtspflege, schränkte auch die Patrimonialgerichtsbarkeit ein und trennte die Justiz von der Verwaltung. Aber sie war ein verfehltes Wagnis für diese Monarchie, die durch Mißwirtschaft und Mangel an Folgerichtigkeit so sehr den allgemeinen Widerwillen gegen sich gerichtet hatte, daß ihr nun unter der Führung der Bevorrechtigten eine einheitliche Opposition der öffentlichen Meinung gegenüberstand.

Diese öffentliche Meinung, durch die Opposition der Notabeln und der Parlamente mehr und mehr aufgeregt, sah nur königliche und ministerielle Herrschsucht auf der einen, Kampf um die Freiheit auf der anderen Seite. Es kam wegen der Beeinträchtigung der Parlamente zu Straßentumulten in Paris, zu regelrechten Volksaufständen in einigen Provinzstädten, die Sitze von solchen Gerichtshöfen waren; die Provinzialstände stellten sich hinter sie; patriotische Gesellschaften verteidigten die Rechte der Provinzen gegen den zentralistischen Absolutismus. Truppen, die eingesetzt wurden, erwiesen sich als unzuverlässig; Offiziere machten gemeinsame Sache mit dem opponierenden Volke. Die neuen Gerichte konnten vielfach gar nicht in Wirksamkeit treten. Die Verwaltung geriet mehr und mehr aus den Fugen, besonders in Paris, dem Sitz der Zentralregierung; viele Behörden wollten die Anordnungen der Regierung nicht mehr als gesetzlich anerkennen. Und — was im Augenblick das Entscheidende war — die Regierung vermochte der Ebbe in den Kassen nicht mehr Herr zu werden; wohin sie sich auch um Geld wandte, wurde sie auf das alleinige Steuerbewilligungsrecht der Generalstände verwiesen. Vollständig in die Enge getrieben, sah sich der König zu einem neuen Rückzug gezwungen: Die Justizreform wurde widerrufen; der in der öffentlichen Meinung hochgeschätzte Finanzmann Necker wurde an Stelle Briennes Generalkontrolleur und in Wirklichkeit leitender Minister mit ausgedehnten Vollmachten; durch Erlaß vom 8. August 1788 wurde die Berufung der Generalstände zum 1. Mai 1789 zugesagt.

DIE VERFASSUNGGEBENDE NATIONALVERSAMMLUNG

Die opponierenden Adligen, Parlamentsräte und hohen Geistlichen, die den Ruf nach Generalständen erhoben hatten, sahen darin ein im alten Herkommen Frankreichs begründetes Mittel, um das Königtum einzuschränken und eine feudalistische Monarchie herzustellen. Wenn sie von Nation und Nationalversammlung sprachen, so meinten sie zumeist nur die Ständeversammlung in ihrer alten gesetzlichen Form. Aber in Literatur und Philosophie hatte das Wort Nation inzwischen eine weitere Bedeutung gewonnen. Man hatte sich dort schon gewöhnt, die Gesamtheit der Bewohner eines Landes als Nation aufzufassen. Bewunderer der neuen amerikanischen Unionsverfassung, Schriftsteller, liberale Adlige und Großbürger, sahen in den Generalständen demgemäß eine Vertretung des gesamten Volkes und betrachteten ihre Berufung als Schritt auf dem Wege zu einer

Verfassung nach englisch-amerikanischem Vorbild mit einer Teilung der politischen Macht zwischen der gesetzgebenden Gewalt der Volksvertretung und der ausführenden des Königs. Für König Ludwig XVI. dagegen waren die Generalstände nur eine Verlegenheitsauskunft, um sich über die Finanznot hinwegzuhelfen. Er wollte so wenig wie einer seiner Vorfahren von einer Teilung der Gewalten, einem Gesetzgebungs- oder auch nur Steuerbewilligungsrecht der Stände wissen.

In dieser Lage kam alles an auf den „dritten Stand" der Ständeversammlung. So hießen ursprünglich nur die bürgerlichen Vertreter der Stadtobrigkeiten, die von den Königen einst gern als Gegengewicht gegen die das flache Land vertretenden bevorrechtigten Stände, die Geistlichkeit und den Adel, benutzt worden waren. Zu Beginn der neueren Zeit hatten schon Wahlen zu den Generalständen stattgefunden, bei denen die nichtadligen Steuerpflichtigen auch auf dem Lande für den dritten Stand zu wählen hatten. Erschien somit als „dritter Stand" nun die ganze nichtadlige Bevölkerung und bildete das ganze Volk die Nation, so stellte er die große Mehrheit der Nation dar; in diesem Sinne konnte Rousseau sagen, nur der dritte Stand vertrete das Volk. Die Regierung war diesen Auffassungen bereits entgegengekommen, indem sie in den vom König ernannten Provinzialversammlungen die Vertreter des dritten Standes verdoppelt hatte. Sie hatte dort ferner nach Köpfen, nicht in alter Weise nach Ständen abstimmen lassen; die Sprecher des dritten Standes, Männer des gebildeten und besitzenden Bürgertums, konnten danach nicht mehr von den beiden privilegierten Ständen überstimmt werden.

Wie sollte es damit nun bei den Generalständen gehalten werden? Über diese Frage brach im Herbst 1788 ein leidenschaftlicher öffentlicher Meinungskampf aus, bei dem die Bundesgenossenschaft, die Privilegierte und dritten Stand zuletzt gegen die königliche Regierung geeinigt hatte, in die Brüche ging. Als das Pariser Parlament erklärte, die Generalstände müßten genau in der gleichen Form wie 1614 bei ihrer letzten Vereinigung gebildet werden, erschien sogleich eine Fülle von Broschüren, welche die Privilegierten mit gleicher Schärfe wie den königlichen Absolutismus bekämpften. Sie forderten Beseitigung aller Standesvorrechte und stärkere Vertretung des dritten Standes, der 20 Millionen gegen 100 000 umfasse und allein den Bevorrechtigten ihr Leben in ihren Palästen ermögliche. Der Abbé Sieyès stellte in seiner wirkungsvollen Schrift „Was ist der dritte Stand?" in einprägsamen Sätzen fest: „Was ist der dritte Stand? Alles. Was war er bisher im staatlichen Leben? Nichts. Was verlangt er? Etwas zu werden." Sieyès forderte deswegen Verdoppelung des dritten Standes und Abstimmung nach Köpfen in den Generalständen; der dritte Stand solle sich notwendigenfalls in den Besitz seiner Rechte setzen und abgesondert von den zwei ersten Ständen eine Nationalversammlung bilden. Eine wachsende Teuerung, verursacht durch wiederholte Ernteschädigungen, ein harter Winter, Absatzstockungen und Beschäftigungslosigkeit infolge des englischen Wareneinstroms und ein zunehmendes Durcheinander in der Verwaltung trugen zur allgemeinen Anteilnahme an dieser politischen Frage bei.

Necker, der tatsächliche Regierungschef, stand der Agitation für den dritten Stand selbst nicht fern, denn er wollte vor allem die bürgerlichen Geldleute für den Staat gewinnen und eine gleichmäßige Besteuerung erreichen. Er veranlaßte nach Befragung einer neuen Notabelnversammlung ein königliches Wahlreglement, wonach in jedem Amtsbezirk (in Paris in jedem Stadtbezirk) ein Adliger, ein Geistlicher und zwei Nichtadlige (diese also in doppelter Anzahl) von ihren Standesgenossen gewählt werden sollten, nach einem indirekten Wahlrecht, von dem in der unteren Stufe fast nur die Bedienten und die nicht Steuerzahlenden in den Städten ausgeschlossen waren. Die umstrittene Frage des Abstimmungsmodus ließ die Regierung unvorsichtigerweise offen.

Die Wahlen zu den Generalständen fanden demgemäß in den ersten Monaten 1789 in ganz Frankreich statt. Sie brachten zum ersten Male die Masse der bisher unpolitischen, ungebildeten Bevölkerung zu einheitlichen politischen Willenskundgebungen zusammen. In den Urwählerversammlungen wurden Beschwerdehefte (Cahiers de doléances) beschlossen, die nach altem Brauch den Abgeordneten die Wünsche der Wähler mitgaben — nach Ständen getrennt und doch schon überraschend gleichartig. Die Cahiers aller drei Stände forderten Einschränkung der Monarchie durch regelmäßig wiederkehrende Generalstände mit festem Steuerbewilligungs- und Kontrollrecht, Schutz für die „Rechte der Nation" und gegen willkürliche Verhaftung; die des dritten Standes dazu Abschaffung von Privilegien, Zugang zu allen Ämtern und Stellen, teilweise auch Befreiung der Industrie von zünftlerischen Beschränkungen, die freilich andere, von Zunftmeistern ausgehende Hefte gerade erhalten wissen wollten. In den bäuerlichen Cahiers der Dorfgemeinden fanden sich zahllose Beschwerden über Steuern, Steuerprivilegien und Feudallasten; doch standen auch hier die allgemeinen politischen Forderungen voran, die meist von bürgerlichen Advokaten nach Modellen einheitlich formuliert waren.

Am 5. Mai wurden die Generalstände in Versailles durch König Ludwig XVI. in einer feierlichen Sitzung eröffnet, nach einem vom

Hofe vorgeschriebenen Zeremoniell, das den Unterschied zwischen den Ständen möglichst betonen sollte. Die Adligen erschienen reichgeschmückt mit Federhüten — zur Hälfte Offiziere, meist reformfeindlich, nur eine kleine Minderheit von bürgerlich-menschenrechtlichen Ideen erfaßt. Die Geistlichkeit zerfiel in zwei Gruppen: die Prälaten in Chorröcken und violetten Roben, Bischöfe und andere hohe Pfründeninhaber, darunter auch einzelne liberale Anhänger einer Verfassung mit Gewaltenteilung, und neben ihnen, die früher diesen Stand durchaus geführt hatten, in doppelter Anzahl einfache Pfarrer in schwarzen Chorröcken, die mit dem dritten Stand, mit Bürgern und Bauern sympathisierten. Der dritte Stand, in einfacher schwarzer Kleidung, mußte eine bescheidene Hintertür benutzen, während die beiden ersten Stände durch das große Portal in den Sitzungssaal einzogen. Er umfaßte 600 Abgeordnete von 1165, fast ausschließlich städtische Bürger, aus denen auch die Bauern ihre Vertreter gewählt hatten, etwa zur Hälfte Advokaten, Notare und sonstige Gesetzeskundige, dazu kleine Beamte, Grundbesitzer, Kaufleute, Gelehrte, auch einige ländliche Grundbesitzer, die man als Bauern ansprechen konnte, aber keine Handwerksgesellen oder Arbeiter. Eine besondere Figur machte Graf Mirabeau, der Sohn eines bedeutenden Schriftstellers, der mit seinen adligen Standesgenossen in der Provence zerfallen war und sich als Abgeordneter des dritten Standes hatte wählen lassen, ein hochbegabter Redner und Agitator, der in entscheidenden Momenten immer wieder das mitreißende Wort zu finden wußte und zur Führergestalt der Revolution in ihrem ersten Stadium wurde.

Unter den Vertretern des dritten Standes aus den verschiedenen Provinzen bildete sich bald eine ungewohnte Einmütigkeit. Sie bezeichneten sich nach dem Vorbild des englischen Unterhauses als die „Kommunen" und begannen sich als Vertreter der Nation, nicht nur ihrer einzelnen Wählerkreise zu fühlen. Sie lehnten es ab, als besonderer Stand zusammenzutreten, wie der König angeordnet hatte, und forderten die Vertreter der beiden ersten Stände auf, sich mit ihnen zur gemeinsamen Prüfung der Vollmachten zu vereinigen, damit das Prinzip der einheitlichen Volksvertretung vorwegnehmend. Nach wochenlangen Verhandlungen, bei denen sich unter der Geistlichkeit viel Sympathie, aber keine Mehrheit für das Anliegen der Kommunen zeigte, gingen diese am 12. Juni dazu über, selbständig die Abgeordneten aller Stände nach den Amtsbezirken, deren „Deputationen" sie waren, aufzurufen. Einige Pfarrer des geistlichen Standes folgten bereits dem Aufruf. Am 15. Juni nahmen die so Vereinigten den Namen „Volksvertreter" (représentants du peuple français) an, am 17. Juni erklärten sie sich mit 490 gegen 90 Stimmen zur „Nationalversammlung", als Vertretung der Mehrheit von 24 Millionen Franzosen, die auch in Abwesenheit der Minderheit tagen könnten. Sie bezeichneten als ihre erste Aufgabe die nationale Regeneration, die Feststellung einer Verfassung für Frankreich, und stellten die finanzielle Frage, um welche die Regierung sie berufen hatte, in die zweite Linie. Sie erklärten alle Steuern für ungesetzlich, die sie nicht beschlossen oder gebilligt hätten, und billigten die alten nur so lange, als sie selbst noch tagten, drohten also mit Steuerverweigerung, wenn man ihre Versammlung nicht anerkenne. Es war ein erster revolutionärer Akt, ein Bruch des geltenden Verfassungsrechtes aus einem neuen politischen Prinzip heraus: Die Nationalversammlung, die sich aus den Generalständen erhob, machte sich aus dem Prinzip der Volkssouveränität, ohne Mitwirkung des Königs, eigenmächtig zur Gestalterin der Verfassung Frankreichs, statt sich als Hilfsorgan in eine historische, halbfeudalistische Verfassung einzufügen.

Die Adligen verharrten mit großer Mehrheit ablehnend gegen dieses revolutionäre Vorgehen und drangen in den König, ihm Einhalt zu gebieten. Der Adel, unter dessen Führung der Widerstand gegen das Königtum in den letzten zwei Jahren begonnen hatte, suchte jetzt beim König Zuflucht gegen die Generalstände, deren Berufung er selbst gewünscht und herbeigeführt hatte. Es wurde eine neue feierliche „Königliche Sitzung" der Generalstände für den 23. Juni angesetzt, in welcher der König sich erklären wollte. Bis dahin ließ man die Sitzungen suspendieren und den Sitzungssaal verschließen, um ihn neu herzurichten — in der hochmütigen und kurzsichtigen Meinung, dadurch die Abgeordneten an weiterem eigenmächtigen Vorgehen zu hindern. Am 20. Juni kamen sie infolgedessen vor verschlossene Türen. Sie sahen darin sofort ein Zeichen böswilliger Verhinderung ihrer Arbeit und vereinigten sich in einem anderen Gebäude, dem Ballhaus, zu dem Schwur, „sich niemals zu trennen und sich zu versammeln, wo die Umstände es erforderten, bis die Verfassung auf soliden Grundlagen errichtet und befestigt wäre". Dieser „Schwur im Ballhaus" vollzog sich in turbulenter, fieberhafter Erregung, wie alle großen Tage dieses Jahres 1789; der Eid wurde schriftlich von allen Anwesenden, auch den ursprünglichen Gegnern der früheren Beschlüsse, bestätigt. Als am nächsten Tage auch das Ballhaus den Abgeordneten verschlossen wurde, versammelten sie sich in einer Kirche, wo sich am 22. Juni ein großer Teil der Geistlichen (143 Pfarrer und 6 Prälaten) mit der Nationalversammlung vereinigte.

König Ludwig XVI., weniger durch feste politische Prinzipien als durch Furcht und Schwäche geleitet, war zunächst dem Versuch eines Ausgleichs unter den Ständen, wie der Minister Necker ihn vorschlug, nicht abgeneigt. Aber unter dem Einfluß seiner höfischen Umgebung ließ er sich bestimmen, die Umbildung der Stände zur Nationalversammlung zurückzuweisen und den Ständen lediglich freiwillige Vereinigung für Angelegenheiten eines gemeinsamen Nutzens zu empfehlen, wobei aber alle alten, bestehenden Rechte unangetastet bleiben sollten. Mit „zitternder und veränderter, manchmal etwas rauher Stimme" befahl er in der Sitzung vom 23. Juni die erneute Trennung der Stände. Die Abgeordneten hörten ihn mit eisigem Schweigen an, blieben aber nicht untätig. Nach dem Aufbruch des Königs, des Adels und des reaktionären Teils der Geistlichkeit weigerten sich die „Kommunen", den Saal zu verlassen, und tagten als Nationalversammlung weiter. Als der königliche Zeremonienmeister sie auf den Befehl des Königs hinweisen ließ, erwiderte ihr Vorsitzender, die Nationalversammlung könne keine Befehle empfangen, und Mirabeau rief mit donnernder Stimme die berühmten (freilich nicht genau überlieferten) Worte: „Sagen Sie denen, die Sie schicken, daß wir hier durch den Willen des Volkes sind und daß wir unsere Plätze nur unter der Gewalt der Bajonette verlassen werden." Weitere Bischöfe gingen zur Nationalversammlung über, am 25. Juni auch 47 Abgeordnete des Adels unter Führung des ehrgeizigen Herzogs von Orléans, der ein Vetter des Königs war und mit dem Gedanken spielte, ihn zu verdrängen.

Der König verzichtete zunächst auf Widerstand. Er befahl am 27. Juni den beiden ersten Ständen, sich mit dem dritten Stand zu vereinigen. Der Befehl wurde als Sieg des Volkes gefeiert, aber man täuschte sich vielfach über seine wahre Bedeutung. Der Monarch erkannte noch immer die Nationalversammlung nicht an und dachte nur an gemeinsame Beratung der Stände über gemeinsame Angelegenheiten. So faßten es auch die reaktionären Adligen und Kleriker auf, die darauf schweigend und mit düsterer Miene in die Versammlung einzogen, um Schlimmeres zu verhüten. Die Nationalversammlung aber hatte nun freie Bahn und ging an ihr Werk. Sie ernannte einen Verfassungsausschuß, in dessen Bericht vom 9. Juli es hieß, die Wählerschaft, die Nation, habe verboten, Steuern zu bewilligen, bevor die Verfassung geschaffen sei; die Verfassungsgrundsätze der Monarchie müßten festgelegt werden und ebenso die Rechte der Bürger. Die Versammlung nannte sich seitdem konstituierende (verfassunggebende) Nationalversammlung, kurz „Constituante".

Der König war nur aus Furcht zurückgewichen: der Hof befürchtete einen Aufstand von Paris aus und war der verfügbaren Soldaten nicht sicher, die selbst schon das Gefühl der Zugehörigkeit zum dritten Stand erkennen ließen. Darum wurden Truppen aus den Grenzprovinzen beordert, die man für zuverlässiger hielt, und zwischen Paris und Versailles zusammengezogen. Die Versammlung sah sich in ihrer Verbindung mit der Hauptstadt bedroht, und als der König am 11. Juli den immer noch volkstümlichen Minister Necker entließ und Minister berief, die zwar nicht schlechthin reformfeindlich waren, aber als Männer des „Despotismus" galten, war der Konflikt offenkundig. Mochte der Monarch vorerst nur an seine persönliche Sicherheit denken, dahinter stand jetzt doch die gemeinsame Gegnerschaft von Königtum und Adel gegen die vom Bürgertum geschaffene revolutionäre Nationalversammlung. Schon erwartete man ihre gewaltsame Auflösung. Da aber griff eine andere Kraft ein, die sich bereits stark und stärker bemerkbar gemacht hatte: das revolutionäre Volk von Paris.

DIE REVOLUTION DES 14. JULI UND DES 4. AUGUST 1789

Die Hauptstadt Paris, mit ihren Vororten gegen 700 000 Einwohner stark, war in ihren verschiedenen Bevölkerungsschichten schon seit 1787 von zunehmender politischer Erregung ergriffen. Es verbreitete sich das Gefühl, in der zentralen Stellung von Paris für das französische Volk Freiheit gegenüber dem Absolutismus, Gleichheit gegenüber den Privilegierten vertreten und Hof und Regierung in Versailles überwachen zu müssen. Teuerung, Lebensmittelknappheit und schlechtes Brot, dazu die Wahlbewegung des Frühjahrs 1789 hatten die Erregung weit in das Kleinbürgertum und das Proletariat der Handwerkervorstädte getragen, dazu trieb die Not des Winters viele Arbeitslose und auch Vagabunden nach der Hauptstadt und verstärkte die unzufriedene Masse. In regelmäßigen Volksversammlungen am „Palais Royal" wurde zum Kampf gegen den Despotismus und die Schlösser aufgefordert. Scharen zogen von Paris nach Versailles und trieben auf den Straßen und den Tribünen der Versammlung die Volksvertreter zu entschiedenen Beschlüssen an. Soldaten der Garde, schließlich eines ganzen Regimentes, verbrüderten sich mit dem „Volke".

Von dieser volkstümlichen Bewegung setzte sich bereits die Mehrheit der bürgerlichen Wahlmänner ab, die im Pariser Stadthaus zur Kontrolle der Stadtverwaltung tagten. Sie leiteten die Bildung einer

Bürgermiliz ein, welche an Stelle der königlichen Truppen als „Nationalgarde" die Ordnung in der Hauptstadt aufrechterhalten sollte, gegen Übergriffe des Absolutismus, aber auch gegen „Briganten" und Unruhen der Besitzlosen. Aber die Truppenansammlungen, die um und in Paris lagerten, und die drohenden Maßnahmen des Hofes führten die Männer des besitzenden Bürgertums zusammen mit der wilderregten, tatendurstigen Menge. Am 12. Juli kam es zu Zusammenstößen zwischen Volksansammlungen und Truppenteilen, bei denen diese sich zurückzogen. Am 13. und 14. Juli begann die aufgeregte Masse selbständig zu handeln. Viele bewaffneten sich mit Piken; man bemächtigte sich der Waffen des Invalidenhauses unter Führung der aufständischen Gardesoldaten; dann erhob sich der Ruf „Zur Bastille!" Die Bastille, das befestigte königliche Staatsgefängnis zwischen der Altstadt und der Handwerkervorstadt St. Antoine, wurde am Morgen des 14. Juli zum Ziel der allgemeinen Bewegung, weil man dort weitere Waffen vermutete und weil sie überhaupt als das Volk bedrohende Festung des Despotismus galt. Sie war nur schwach besetzt, und ihr Kommandant, ein hochbezahlter adliger Stelleninhaber, nahm die Bewegung zunächst nicht sehr ernst. Es kam schließlich zu einem Feuerkampf, der von der Menge mit rasender Erbitterung geführt wurde. Durch die kampfunlustige Garnison ließ der Kommandant sich schließlich bestimmen, vor den wütenden Angreifern zu kapitulieren. Sie durchfluteten das Gebäude, nahmen es für das Volk in Besitz, nahmen Rache an den Verteidigern und befreiten die Gefangenen (es waren nur wenige, da Ludwig XVI. von dem Recht zu königlichen Verhaftsbefehlen, „lettres de cachet", nur noch selten Gebrauch gemacht hatte). Mit der Fahne der Bastille und anderen Trophäen besetzte eine bewaffnete Schar das Stadthaus und beseitigte dort den Führer der alten städtischen Oligarchie, Flesselles, der als Verräter und Komplice des Bastillekommandanten bloßgestellt schien. Und während die auf Piken aufgepflanzten Köpfe niedergemachter Gegner Siegesrausch und Schrecken verbreiteten, rüstete sich die Bevölkerung zu jedem weiteren Kampf, baute Barrikaden, schmiedete Piken und sammelte Waffen; jeder Versuch, dieser aufständischen Hauptstadt die Stirn zu bieten, mußte in schwere und unabsehbare Straßenkämpfe führen.

Die Wirkung des Ereignisses vom 14. Juli war ungeheuer. Man glaubte auf einmal allgemein an die selbsttätige Kraft und den Sieg des Volkes, nachdem die Bastille, die königliche Zwingburg in Paris, genommen war, ohne daß die um Paris lagernden Truppen eingegriffen hatten. Zum Zeichen des Volkssieges steckten Bürger aller Schichten Farbbänder an; daraus entstand die blau-weiß-rote Nationalkokarde, die nun zum Zeichen der „Patrioten", der Träger der revolutionären Bewegung gegen Despotismus und Privilegierte wurde. Im Stadthaus ging die Gewalt auf einen großbürgerlichen Ausschuß der Wahlmänner über; der Deputierte Bailly, der die ersten Sitzungen der Nationalversammlung geleitet hatte, ein bedeutender Astronom, wurde zum Bürgermeister (maire) von Paris, der Marquis Lafayette, der als liberaler Adliger die Tradition des amerikanischen Unabhängigkeitskrieges vertrat, wurde zum Befehlshaber der „Nationalgarde" erhoben. Auch die Nationalversammlung in Versailles fühlte sich durch die Kraft der Pariser Volksbewegung von dem Druck der drohenden Gegenrevolution befreit.

König Ludwig XVI. verzichtete nun in der Tat auf weitere Gegenwehr gegen die Versammlung und gegen Paris. Am 14. Juli war er noch sorglos auf Jagd gegangen; als ihm in der Nacht einer der liberalen Adligen der Versammlung, der Herzog von Liancourt, von der fortgesetzten Kampfbereitschaft der Pariser Bevölkerung berichtete, sagte er etwas erschüttert: „Das ist eine Revolte." „Nein, Sire", erwiderte jener, „es ist eine Revolution" — er meinte: eine siegreiche Bewegung, die eine Staatsumwälzung in sich schließe. Am nächsten Tage, dem 15. Juli, erkannte der König die Nationalversammlung an, empfahl sich ihrem Schutz und versprach den Rückzug der Truppen. Zwei Tage später begab er sich an die Spitze des größten Teiles der Versammlung nach Paris, begrüßte die neuen revolutionären Stadtbehörden, nahm selbst die blau-weiß-rote Kokarde an und stimmte auch dem Abbruch der Bastille zu; an ihrer Stelle sollte ein Denkmal des Königs als Bürgerkönig errichtet werden. Es war eine Kapitulation, die er wie seine Umgebung widerwillig vollzog, um sich die Krone zu erhalten, — während das gehobene Bürgertum hoffnungsvoll den Ausgleich zwischen König und Nation herbeigeführt zu haben glaubte.

Von dem siegreichen Pariser Aufstand ging eine Bewegung durch das ganze Land. Im Osten und Norden rotteten sich schon seit dem Frühjahr die Bauern zusammen — zunächst gegen Plünderer, die, wie man sagte, Frankreich durchstreiften. Die „große Angst" vor Hunger und „Briganten", ein Erzeugnis des Zusammenbruchs der alten Ordnung, wandte sich dann gegen die Seigneurs und ihre verhaßten Rechte. Man stürmte Schlösser und verbrannte sie, um die Grundbücher und sonstigen Papiere zu vernichten, in denen die feudalen Rechte aufgezeichnet waren; man nahm die Jagd und den Wald für sich in Anspruch, wobei es natürlich nicht ohne manche Verwüstungen und Gewalttätigkeiten abging. Jagd und Holznutzung wurden fortan von den Bauern frei auf ihren Grundstücken und auf den Gemeindeländereien ausgeübt. Die Zahlung der Feudallasten, die Ableistung von Diensten, aber auch die Steuerzahlung wurde eingestellt. Die alten Behörden, die Intendanten und Gerichtshöfe konnten nicht mehr arbeiten. Die ländlichen Gemeinden wurden praktisch autonom.

Auch in den Städten brachen bewaffnete Aufstände nach Pariser Vorbild aus. Die alten Stadträte wurden verjagt, und wie in Paris konnte sich die gehobene Bourgeoisie der Ergebnisse der bewaffneten Volksbewegung bemächtigen. Es bildeten sich selbsttätig Kommunalbehörden mit bürgerlichen Nationalgarden, oft mit einer Art unmittelbarer Demokratie, unter ständiger Mitwirkung von Volksversammlungen mit bewaffneten Nationalgardisten.

Die „kommunale Revolution" zog sich mehrere Monate durch Frankreich, überall mit dem gleichen Ziel, von den Städten auf die umliegenden Dorfgemeinden überspringend. Man schaute jetzt erst recht auf das Vorbild der Hauptstadt Paris, das Haupt und Herz des ganzen Landes. 30 000 Einzelgemeinden, im Augenblick kaum mehr organisatorisch verbunden, waren doch geeint durch den Gedanken der einheitlichen Nation aller Franzosen, den die Patrioten in Paris und nach ihrem Vorbild im ganzen Lande verfochten. Dabei blieb man überall noch königstreu und wollte nur Behördendespotismus, Privilegien und Feudalrechte stürzen und die Souveränität der Nation aufrichten.

Gegenüber allen Mitteln des königlichen Absolutismus war die verfassunggebende Nationalversammlung seit dem 14. Juli und seinen Auswirkungen wirklich souverän. Der König berief Necker zurück und umgab sich mit Ministern, die der Mehrheit der Versammlung genehm waren, „89ern", die keinen nennenswerten Schritt ohne sie tun konnten. Aber diese Versammlung, die selbst wesentlich aus den Vertretern von Besitz und Bildung, Bürgern, Adligen und ordnungsliebenden Geistlichen bestand, fühlte nun um so mehr den Druck von der anderen Seite: von der weiterdrängenden revolutionären Menge, die den Pariser Volksaufstand gemacht hatte, und der aufrührerischen Bauernschaft. Sie plante schon Maßnahmen zur Niederwerfung der Unruhen im Lande, um das gefährdete Privateigentum zu schützen. Als aber die Aufstände überall siegreich waren, vollzog sich in der Versammlung ein neuer revolutionärer Akt, wieder einer der großen Tage dieses Jahres 1789: Die Nacht vom 4. zum 5. August.

Einige liberale Adlige erkannten schneller als die bürgerlichen Abgeordneten, daß es mit Unterdrückungsmaßnahmen gegen Gewaltakte nicht getan sei und daß man Zugeständnisse machen müsse, um das übrige zu retten. Sie schlugen vor, auf seigneurale Dienste und persönliche Abgaben entschädigungslos, auf die dinglichen Abgaben gegen einmalige Entschädigung durch die Gemeinden zu verzichten. Im Anschluß daran erhob sich unter dem Antrieb und dem Jubel der Zuschauer, in der für diese Monate typischen Stimmung von trunkener Hingerissenheit, ein Wettstreit des Edelmutes unter den Abgeordneten die Nacht hindurch bis 2 Uhr morgens, auch ein gegenseitiges Antreiben: Die Adligen mußten auf ihre Jagdrechte, die Priester auf Zehnten und Gebühren, die Stadtbürger und Provinzen auf ihre Sonderrechte verzichten und sie auf dem „Altar des Vaterlandes" opfern. In 30 Beschlüssen erledigte man die Arbeit von Monaten, wie stolz gesagt wurde. Die Nationalversammlung handelte hier souverän als einheitliche Vertretung des ganzen Volkes, ohne nach dem Willen ihrer speziellen Wähler in den einzelnen Wahlkreisen und Ständen zu fragen.

„Die Nationalversammlung zerstört vollständig das Feudalregime", so wurden die Beschlüsse des 4. August eingeleitet. Jede im Geburtsstand begründete Abhängigkeit von Adel und Kirche sollte verschwinden, alle Sonderrechte der Stände, Provinzen und Städte sollten fallen. Alle Franzosen sollten als gleichberechtigte Menschen und Staatsbürger nebeneinanderstehen. Die Feudallasten, die sich aus Hoheitsrechten ableiteten, sollten entschädigungslos beseitigt werden, dagegen die Abgaben, für die man Eigentumsrechte nachweisen konnte, durch einmalige Zahlungen ablösbar sein. Beides aber war schwer voneinander zu trennen und im Bewußtsein der Bauern oft fast gleichbedeutend. Der Bauern bemächtigte sich zunehmende Enttäuschung, als sich zeigte, daß die Nationalversammlung keineswegs die von ihnen erhoffte vollständige Befreiung gemeint hatte und daß sie die ablösbaren Abgaben einstweilen weiterzahlen sollten. Gerade das in der Versammlung überwiegende Großbürgertum hielt hier an einem scharfgeprägten Eigentumsbegriff fest; in den nachfolgenden Ablösungsgesetzen wurden sogar alle gewohnheitsrechtlichen Abgaben als rechtmäßig anerkannt, die der Bauer nicht als angemaßt nachweisen konnte. Die Bauern konnten die verbleibenden Lasten nur mit beträchtlichen Zahlungen ablösen. Doch der den Beschlüssen vom 4. August zugrunde liegende Gedanke, daß der Grundsatz der persönlichen Rechtsgleichheit auf die Arbeits- und Eigentumsverhältnisse angewandt werden müsse, zündete weiter und trug dazu bei, das Gefühl einer neuen Einheit und Brüderlichkeit aller Franzosen bis in die unteren Schichten hinein zu verbreiten. Die Frage der Aufhebung des Feudalwesens kam nicht zur Ruhe, bis sie in den folgenden Jahren einer radikaleren Lösung zugeführt war.

DAS VERFASSUNGSWERK DER CONSTITUANTE

Die Nationalversammlung begann die Arbeit in ihrer selbstge-
stellten Aufgabe, die Verfassung Frankreichs neu festzustellen und zu
begründen, mit der „Erklärung der Menschen- und Bürgerrechte", die
am 26. August 1789 beschlossen und später der neuen Verfassung
als Einleitung eingefügt wurde. Der erste Entwurf dazu stammte von
Lafayette, nach dem Vorbild der „Erklärung der Rechte", welche die
englischen Kolonisten in Nordamerika seit ihrer Unabhängigkeits-
erklärung von 1776 ihren neuen, geschriebenen Verfassungen vor-
ausgeschickt hatten; darin waren zum ersten Male Rechte der einzelnen Staatsbürger als allgemeine, angeborene und unveräußerliche
Rechte aller menschlichen Individuen begründet und als solche Menschenrechte in das positive Recht übertragen worden: die Sicherheit
der Person und des Eigentums, das Recht zum Widerstand gegen
Unterdrückung, der Schutz gegen willkürliche Verhaftung, die Verurteilung nur nach dem Gesetz. Es handelte sich hier nicht um eine
leere Liebhaberei: nach mehreren Entwürfen wurde die Erklärung
in einer Reihe von öffentlichen Vollsitzungen unter heftiger Beteili-
gung vieler Abgeordneter fertiggestellt, im Ergebnis von erstaun-
licher Präzision und gedanklicher Schärfe, in kurzen abstrakten
Formeln, die zugleich auf eine ganz reale Lage gemünzt waren. Die
Nationalversammlung schuf sich damit die theoretische und rechtliche
Grundlage für ihr Werk. Aus dem allgemeinverbindlichen „natürlichen" Recht leitete sie eine Rechtfertigung vor sich, der Nation
und der Welt ab für die Beseitigung des königlichen Absolutismus
und der Privilegien, die gerade erst besiegt waren.

Die Erklärung begann: Die Menschen werden frei und gleich an
Rechten geboren und bleiben es; als Zweck jedes politischen Zusam-
menschlusses wurde die Bewahrung der natürlichen und unveräußer-
lichen Menschenrechte, der Freiheit, des Eigentums, der Sicherheit und
des Widerstandes gegen Unterdrückung bezeichnet. Und zu den individualistischen Grundrechten trat der in Rousseaus Schriften ausge-
führte Gedanke, daß die politische Ordnung auf den allgemeinen
Willen der Nation begründet werden müsse, dann aber eine unbe-
dingte Autorität gegenüber dem einzelnen habe. Die Erklärung wollte
jedoch die Gleichheit keineswegs bis in alle Konsequenzen durchführen. Sie wollte insbesondere das Privateigentum erhalten und unter
den Schutz des Staates stellen: das Eigentum wurde ausdrücklich als
„unverletzliches und heiliges Recht" gekennzeichnet, das nur gegen
Entschädigung bei einer „gesetzlich festgestellten Notwendigkeit" angegriffen werden dürfe. Als Wesen der Verfassung wurde die „Teilung

der Gewalten" festgestellt; das bedeutete, solange ein Königtum bestand, daß dem Volke in Gestalt der Volksvertretung wesentliche, aber keineswegs alle politischen Funktionen zufallen sollten. Die Gesellschaft, die zum Träger der öffentlichen Gewalt erklärt wurde, war gemeint als die bürgerliche, von den Ideen und Interessen des besitzenden und gebildeten Bürgertums geleitete Gesellschaft.

Die Erklärung der Menschen- und Bürgerrechte verzichtete, im Gegensatz zu den vergangenen amerikanischen Erklärungen, auf eine ausdrückliche Feststellung der Presse- und Versammlungsfreiheit. Sie setzte auch nicht, wie jene, volle Freiheit der Religionsübung fest, sondern begnügte sich mit Rücksicht auf die „patriotischen" Pfarrer, die in der Versammlung mitarbeiteten, und auf die religiösen Gefühle der Masse, besonders der Landbevölkerung, mit einem Kompromiß: Niemand solle wegen seiner Meinungen, auch nicht der religiösen, behelligt werden, vorausgesetzt, daß ihre Kundgebung die durch das Gesetz gewährleistete öffentliche Ordnung nicht störe. Die vorherrschende Stellung der katholischen Religion sollte nicht angetastet, die übrigen Bekenntnisse sollten ihr nicht gleichgestellt werden.

Als Ausdruck der grundsätzlichen Rechtsgleichheit, der persönlichen Freiheit und der Volkssouveränität entsprach die Erklärung der Menschen- und Bürgerrechte damals der Stimmung der ganz überwiegenden Menge der Franzosen: der Großbourgeoisie und des mit ihr verbundenen liberalen Adels, die sie geschaffen hatten, ebenso wie der des mittleren und kleineren Bürgertums und der Handwerker und Bauern. Die Staatsordnung sollte nicht mehr königlich, sondern staatsbürgerlich-national sein, getragen von den „Patrioten", nicht von den „Aristokraten". Daraus folgte zugleich die Einheit der französischen Nation, die nun Trägerin der Souveränität war, und die Entstehung einer einheitlichen Nation durch die verschiedenen Landschaften Frankreichs, die vorher oft so wenig voneinander gewußt hatten und nur durch das Königtum und seine Beamten sowie durch die Beziehungen zur Hauptstadt vereinigt gewesen waren. Bald darauf wurden auch alle alten Binnenzollgrenzen beseitigt; Frankreich wurde zum ersten Male ein einheitliches Wirtschaftsgebiet.

Auch das neue Frankreich wurde als Monarchie begründet, weil nach der einhelligen Meinung der Zeit, trotz der weitverbreiteten theoretischen Sympathien für die Republik, die monarchische Regierungsform allein geeignet für ein großes Gemeinwesen schien. Die Großbürgerlichen und Adligen der Nationalversammlung sahen im Königtum auch einen Wall gegen Ansprüche der Besitzlosen und hätten ihn gern verstärkt durch ein Zweikammersystem, bei dem eine vom König zu ernennende erste Kammer neben der aus allgemeinen Wahlen hervorgehenden Volksvertretung stand. Dieser Gedanke verfiel aber der Ablehnung, unter leidenschaftlicher Anteilnahme der Pariser Volksstimmung, aus dem Mißtrauen, daß durch die erste Kammer wieder Aristokratie und Privilegien Eingang finden würden. Der König wurde an das Verfassungsgesetz des Staates gebunden und finanziell auf ein ihm zu bewilligendes Gehalt, eine „Zivilliste", gesetzt. Sein alter Titel „König von Frankreich und Navarra" wurde geändert in „König der Franzosen": Frankreich war nicht mehr eine historische Vereinigung von Ländern, sondern die Gemeinschaft aller Franzosen, und der König war nicht ihr Urheber, sondern ihr Funktionär. Wie weit aber sollten seine Befugnisse gegenüber den Beschlüssen der Volksvertretung gehen? Bedurften sie seiner Zustimmung, wie es in der parlamentarischen Monarchie Englands der Fall war? Das „Veto", das königliche Einspruchsrecht, wurde leidenschaftlich umkämpft; in den Pariser Volksversammlungen wurde es zur Formel für die Furcht vor einem neuen ministeriellen und aristokratischen Despotismus. Die Mehrheit der Nationalversammlung entschied schließlich für einen Mittelweg, das „suspensive Veto"; danach konnte der König durch seinen Einspruch die Ausführung von Beschlüssen der Volksvertretung um zwei Legislaturperioden, das bedeutete: vier Jahre, aufhalten Dieses Veto sollte nur gegenüber einfachen Gesetzen, nicht gegenüber den grundlegenden Verfassungsgesetzen gelten. Doch König Ludwig XVI. glaubte schon solchen seine Zustimmung versagen zu können: Durch seinen passiven Widerspruch suchte er die Beschlüsse vom 4. August, die ihm als „Beraubung seines Adels" widerstrebten, und die Menschen- und Bürgerrechte zu Fall zu bringen. Das ganze Werk der Nationalversammlung schien damit gefährdet.

Da griff erneut die Pariser Volksbewegung ein. Lebensmittelknappheit und Arbeitslosigkeit in der Hauptstadt nahmen zu, verschärft durch den Abzug von Adligen und die Unruhen auf dem Lande, und nährten die Furcht vor einem monarchisch-aristokratischen Komplott, das sich gegen das revolutionäre Pariser Volk wenden würde. Am 5. Oktober zogen Tausende von Pariser Frauen, die unter Teuerung und Brotknappheit litten, nach Versailles und verlangten von der Nationalversammlung und vom König Brot und Einstellung des königlichen Widerspruchs. Ihnen folgte die Pariser Nationalgarde, mißtrauisch gemacht durch königstreue Kundgebungen einiger neu nach Versailles gezogener Offiziere. Am nächsten Tage drangen Pariser Revolutionsmänner, mit Piken und Flinten bewaffnet, in das Versailler Schloß und bahnten der Menge einen Weg in die inneren

Räume. Der Sturm legte sich erst, als der König versprach, mit der Königin und dem kleinen Thronfolger in die Hauptstadt überzusiedeln. Triumphierend wurde die königliche Familie noch am gleichen Tage in die Tuilerien, das Pariser Königsschloß gebracht. Man rief „es lebe der König!"; aber man wollte ihn, als vermeintlich unentbehrlichen Bestandteil der Verfassung, unter Augen und unter Kontrolle haben. Der Hof hatte im Frühjahr die Generalstände durch die Berufung nach Versailles gerade der Einwirkung der hauptstädtischen Bevölkerung entziehen wollen; jetzt folgte die Nationalversammlung dem ohnmächtigen König nach Paris. Wieder war ihre Sache, wie am 14. Juli, durch die selbsttätigen revolutionären Massen der Hauptstadt gegenüber dem Monarchen durchgesetzt worden. Ludwig XVI. sah sich nun genötigt, die Verfassungsdekrete zu billigen. Er war praktisch schon mehr Gefangener als selbständiger politischer Faktor.

Die Arbeit der verfassunggebenden Nationalversammlung vollzog sich in Paris fortan in noch engerer Wechselwirkung mit der politischen Bewegung in der Hauptstadt. Die Tribünen waren ständig besetzt; Kundgebungen, Bittschriften, Demonstrationen unterbrachen und beeinflußten zunehmend die Beratungen. Die politische Diskussion fand über die Versammlung hinaus ihre dauernden Stätten in politischen Klubs, die nach amerikanischem Vorbild entstanden, zum Teil aus den älteren literarischen Lese- und Debattiergesellschaften. Die Klubs waren in der ersten Zeit noch gesellschaftlich exklusiv, vorwiegend Angelegenheit der Wohlhabenden; neben ihnen nahmen die regelloseren Volksversammlungen ihren Fortgang. Die große Mehrheit der Nationalversammlung aber wollte sich keineswegs der revolutionären Volksbewegung in die Hand geben. Sie war monarchisch-konstitutionell, gegen Despotie und Feudalismus, aber für Erhaltung der bürgerlichen Ordnung, in der die Besitzenden ohne Geburtsvorrechte alle sozialen Vorteile in der Hand hielten. Die aristokratisch-reaktionären Verfassungsgegner in der Versammlung, die auf der rechten Seite vom Präsidenten saßen, schmolzen durch Auswanderung ständig zusammen. Auch einige Verehrer der englischen Verfassung, die an der Bildung der Nationalversammlung führend beteiligt gewesen waren, Männer bürgerlicher und adliger Herkunft, zogen sich schon im Oktober 1789 zurück, weil sie das Einkammersystem mißbilligten. Der Argwohn gegen die revolutionären Volksleidenschaften trieb von Zeit zu Zeit auch weitere bürgerliche Politiker dazu, wieder eine Verstärkung der Monarchie zu wünschen. Nur bei einer kleinen Gruppe demokratischer Abgeordneter auf der Linken, die persönlich ebenfalls dem gebildeten Bürgertum entstammten, bildete sich bereits der Gedanke aus, die „patriotische" Stimmung der Volksversammlung für das Ideal einer demokratischen Republik einzusetzen, das der Menge des Volkes noch durchaus fernlag. Robespierre, Advokat und führender Abgeordneter aus dem Artois, war ihr schärfster und klarster Sprecher.

Das Verfassungswerk der Versammlungsmehrheit suchte eine selbständige Macht des Königtums zu verhindern, gleichzeitig aber auch der radikalen Demokratie vorzubeugen. Die Nationalversammlung nahm für sich und die ihr folgende gesetzgebende Versammlung außer der Gesetzgebung die laufende Kontrolle der gesamten Verwaltung, der Innen- und Außenpolitik, auf Grund ständiger Berichterstattung in Anspruch. Sie wahrte sich die letzte Entscheidung in allen Instanzenfragen — wenn nötig, durch Appell vom König an das Volk. Die vom König zu ernennenden Minister, für die zum erstenmal das Fachprinzip (Auswärtiges, Inneres, Finanzen, Krieg, Justiz) streng durchgeführt wurde, waren der Volksvertretung verantwortlich, indem sie von ihr in Anklagezustand versetzt werden konnten. Gegen eine zu starke königliche oder ministerielle Zentralregierung war auch die Neuordnung der inneren Verwaltung gerichtet. Sie sollte überall von unten nach oben erfolgen, durch gewählte Organe, die von oben nur kontrolliert wurden.

Die Nationalversammlung hat dabei zugleich mit aller Entschiedenheit das Prinzip der Staatseinheit gegen den Sondergeist der Provinzen durchgesetzt. Sie machte Schluß mit dem unübersichtlichen Durcheinander der historischen Grenzziehungen, die in der allmählichen Auseinandersetzung zwischen Königtum und Feudalismus entstanden waren, und schuf eine einheitliche neue Aufgliederung Frankreichs von oben her, aus dem Prinzip, daß in einem europäischen Großstaat nur die eine, gemeinsame Volksvertretung die Souveränität des allgemeinen Willens zum Ausdruck bringen dürfe und daß alle einzelnen Bezirke und Wählerschaften nicht selbständige Willenseinheiten, sondern nur Teile der durch die Volksvertretung repräsentierten Gesamtnation sein dürften. Frankreich wurde durch das Departementsgesetz vom 22. Dezember 1789 in 83 etwa gleich große Departements eingeteilt, zum Teil ganz ohne alle Rücksicht auf alte Grenzziehungen; sie sollten nicht Glieder einer Föderation, sondern nur Verwaltungsbezirke eines Einheitsstaates sein und erhielten gleichartige, gewählte Verwaltungskörperschaften, aus denen ausführende Direktorien zu bilden waren. Ebenso wurde die Organisation der Gemeinden in Stadt und Land gleichmäßig geordnet, mit gewählten Gemeindevertretungen und einem Bürgermeister an der Spitze; die Bürgerversammlungen wurden gleichzeitig beschränkt, damit die Ge-

meinden sich nicht etwa als besondere Quellen des „allgemeinen
Willens" ansahen. Heftig gerungen wurde um eine Ausnahmestellung
der Hauptstadt Paris, deren Urwählerversammlungen danach strebten,
in ständiger Vereinigung eine Art unmittelbarer Volksregierung mit
jederzeit abberufbaren Beamten zu bilden und damit das revolutionäre
Volk von Paris auch gegenüber der Nationalversammlung immer zur
Geltung zu bringen. Die Mehrheit der Nationalversammlung lehnte
diese Unterwerfung unter den Willen der Pariser Volksversammlungen ab und gestand ihnen nur die periodisch wiederkehrenden Wahlen
für die Gemeindebehörden zu.

Auch die Rechtspflege wurde neu geordnet. Sie wurde grundsätzlich getrennt von der Verwaltung, mit der sie noch vielfach verbunden gewesen war, und in die Hand gewählter Friedensrichter
und Bezirkstribunale, für die Strafjustiz in die Hand gewählter Ge-
schworenengerichte gegeben. Auch hier wurden die in England in
Jahrhunderten entwickelten Einrichtungen konstruktiv nachgebildet;
Einheit der Organisation und der Gesetze verband sich mit größter
Dezentralisation in der Ausführung. Man verzichtete auf oberste
Gerichtshöfe in den Departements und schuf nur zur Beseitigung
von juristischen Formfehlern den zentralen Kassationshof in Paris
(1791) und einen Obersten Gerichtshof für Ministervergehen und
Staatsverbrechen unter der unmittelbaren Aufsicht der Volksver-
tretung.

Die „Verfassung von 1791" — so genannt, weil sie beim Auseinandergehen der Constituante im Herbst 1791 ihre abschließende
Form erhielt — strebte überall die königliche und ministerielle Exekutive zu schwächen und dafür das Prinzip der nationalen Einheit
durch die Volksvertretung zu verwirklichen. Sie setzte Gleichrichtung
des Willens in allen den vielen gewählten Körperschaften in Verwaltung und Justiz, in Gemeinde, Departement und Volksvertretung
voraus. Eine neue bevorrechtigte Schicht sollte diese Einheit gewähr-
leisten, gekennzeichnet nicht durch Vorrechte der Geburt, sondern
durch Vorzüge des Vermögens. Man unterschied zwischen aktiven und
passiven Staatsbürgern: Die passiven, natürlichen und bürgerlichen
Rechte, Schutz der Ehre, des Eigentums, der Freiheit sollten alle
Staatsbürger genießen; Anspruch auf aktive Rechte, auf Anteil an der
Bildung der öffentlichen Gewalten, sollten nur diejenigen haben, die
zu ihrer Erhaltung beitrügen, als die materiell Unabhängigen und
Urteilsfähigen, die „wahren Aktionäre des großen sozialen Unterneh-
mens". Das aktive Staatsbürgerrecht und damit das Wahlrecht wurde
an die Zahlung einer Mindeststeuer (einen Zensus) gebunden, die
Minderbesitzenden wurden also von Wahlrecht und Wählbarkeit aus-

geschlossen. Vergeblich suchte die demokratisch-republikanische Minderheit, voran Robespierre, nachzuweisen, daß nur das allgemeine Wahlrecht der Erklärung der Menschen- und Bürgerrechte, der Zusicherung der persönlichen Freiheit für jeden einzelnen, entsprechen würde. Man hielt ihnen entgegen, daß die Besitzlosen, diese ungebildeten „Arbeitsmaschinen", nur willenlose Werkzeuge sein würden in der Hand von „Faktiösen", von demokratischen oder auch aristokratischen Agitatoren.

Es herrschte das Vertrauen, daß durch freie individuelle Selbstbestimmung in Politik und Wirtschaft die beste nationale Ordnung entstehen würde. Deshalb lehnte man die Bildung von parlamentarischen Parteien in der ganzen Revolutionszeit ab: Der einzelne Abgeordnete sollte immer frei entscheiden und nicht durch „Faktionen" bestimmt werden; ebenso der einzelne Wähler. Bindungen der individuellen Wirtschaftsfreiheit, wie sie im herkömmlichen Zunftwesen vorlagen, fand die Nationalversammlung ebenso widersinnig wie die Reste der Feudalverfassung. Sie verkündete die völlige Aufhebung der Zünfte und die Gewerbefreiheit auf streng privatrechtlicher Grundlage. Sie gewährte Vereinsfreiheit, verbot aber vom Standpunkt der Gewerbefreiheit alle wirtschaftlichen Interessenverbände. Als Weber in St. Etienne, Seidenarbeiter in Lyon, Maurer und Zimmerleute in Paris sich zu gemeinschaftlichen Schritten zwecks Lohnerhöhung zusammenschlossen, verbot das „Gesetz Le Chapelier" (14. Juni 1791) jede Vereinigung von Arbeitern und Meistern. „Es gibt im Staate keine Körperschaften mehr, es gibt nur noch das Interesse jedes einzelnen und des Gemeinwohls" — so die theoretische Begründung. Dahinter stand zugleich der großbürgerlich-kapitalistische Standpunkt, der jede Arbeiterkoalition als aufrührerisch und gefährlich für die öffentliche Ordnung bekämpfte und Staatshilfe dagegen anrief, wie es in England seit langem geschah.

Die Verfassung von 1791 war ein Werk des gehobenen Bürgertums und der in ihm aufgehenden liberalen Adligen. Sie bildete den alten Privilegienstaat um zum Werkzeug der bürgerlichen „Gesellschaft", zur formal gleichberechtigten Rechtsgemeinschaft, in der den Besitzenden und Gebildeten, gleichviel ob bürgerlich oder adlig geboren, die Führung und alle Vorteile zufielen. Diese Einseitigkeit blieb in der weiten Öffentlichkeit noch lange unbeachtet. Das Ideal der „Citoyen", des rechtsgleichen Staatsbürgers, umschloß, neu und allen gemeinsam, die Franzosen aller Stände und Lebenskreise. Die tiefen Bildungsunterschiede, die noch vorhanden waren, und uralte Gewöhnungen ließen dabei den Ausschluß weiter Kreise von der aktiven Staatsbürgerschaft verständlich erscheinen. Erst allmählich tauchte das Wort „Bourgeois", das bisher lediglich die grundbesitzenden Bürger in den Städten bezeichnet hatte, in einer neuen und oft feindseligen Bedeutung auf für die Klasse der Besitzenden in Stadt und Land, die „Klasse der Reichen", die sich in dem privilegienlosen Rechtsstaat von dem „Volke" der Geringbemittelten und Besitzlosen absetzte. Noch fühlte sich diese besitzende Bourgeoisie als Sprecherin und Vertreterin der Gesamtnation, ohne sich allzu sichtbar gegen die unteren Klassen abzuscheiden. Als Franzosen und Patrioten verbrüderten sich Gemeinderäte und Nationalgardisten der neuentstandenen Gemeinden in den verschiedenen Teilen des Landes und bildeten, während die neue Verwaltungsorganisation noch in den Anfängen stand, selbsttätig „Föderationen" als Angehörige einer Nation, deren Losung neben der Freiheit und Gleichheit die „Brüderlichkeit" wurde. Diese Bewegung fand ihren großartigen, einheitlichen Ausdruck in dem Föderationsfest, das am 14. Juli 1790, dem Jahrestage des Bastillesturmes, auf dem festlich hergerichteten Marsfeld in Paris stattfand. Vor Hunderttausenden jubelnder Zuschauer leisteten hier 60.000 Nationalgardisten aus allen Teilen des Landes mit der Nationalversammlung den Eid der Treue für die Nation, das Gesetz und den König am „Altar des Vaterlandes" und begingen feierlich die Verbrüderung der französischen Nation. Freilich waren dabei regellose Volksabordnungen schon sorgfältig ausgeschaltet worden.

DIE KRISE DER KONSTITUTIONELLEN MONARCHIE

Im Jahre 1790 mochte es zeitweilig scheinen, als ob aus der Revolution von 1789 und der Verfassungsarbeit der Constituante noch eine dauerhafte konstitutionelle Monarchie hervorgehen könnte. König Ludwig XVI., so fremd und innerlich ablehnend er den revolutionären Bewegungen gegenüberstand, schien doch schließlich bereit, sich der Rolle eines konstitutionellen Königs anzupassen, die der Monarchie immer noch einen unentbehrlichen und unverletzlichen Platz im Gemeinwesen zuwies. Ein begabterer Monarch hätte vielleicht trotz der engen Grenzen, welche die Nationalversammlung ihm zog, das neue konstitutionelle Königtum noch erfolgreich handhaben können, indem er sich selbst auf die der Monarchie zugeneigte Volksstimmung stützte. Mirabeau empfahl dem Monarchen geradezu eine „königliche Demokratie", ein Bündnis mit breiteren Volksschichten, um mit den Losungen der Revolution einen neuen Einheitsstaat aufzubauen ohne die feudalen Hemmnisse des alten Frankreich, mit der

Nationalversammlung und zugleich mit der unmittelbaren Volksbewegung. Auch die Königin erkannte die Möglichkeiten einer vom Feudalismus losgelösten monarchischen Regierung. Aber Ludwig XVI. klammerte sich an das morsche Wunschbild des feudalistischen Absolutismus. Er hielt träge und phantasielos daran fest, daß das Königtum mit der Sache der alten Stände und ihren Vorrechten verbunden sei, und stimmte jedem Verzicht nur gezwungen und mit sichtbarem Widerstreben zu. Um so mehr fühlte er sich hilflos der zunehmenden Schwächung der königlichen Gewalt ausgesetzt, welche die Nationalversammlung aus ihrer Kampfstellung gegen die alte Monarchie vornahm.

Nach der neuen Verfassung war der König und die Tätigkeit der Minister, an deren Gegenzeichnung er gebunden war, nicht nur der scharfen Kontrolle durch die Volksvertretung unterworfen, sondern auch im Wirkungskreis auf das engste beschränkt. Auch in der auswärtigen Politik wurde er an die Mitwirkung der Volksvertretung gebunden. Im Innern war nicht nur die Justiz, sondern die ganze Verwaltung infolge des durchgeführten Wahlprinzips vom König und seinen Ministern tatsächlich unabhängig; auch die Verwaltungsvorschriften wurden nicht von den Ministerien, sondern von der Nationalversammlung erlassen. Zugleich entglitt dem König die Armee, indem der revolutionäre Schwung auf ihre Mannschaften überging. Ludwig XVI. und seine adligen Offiziere vermochten es nicht, die Soldaten fest bei der Fahne zu halten; sie wußten aber aus ihnen auch nicht eine verfassungstreue Armee zu machen. Das Offizierernennungsrecht wurde dem König schließlich bis auf die höchsten Offiziere entzogen.

Die ausführende Gewalt war aber zugleich ständigen inneren Reibungen ausgesetzt. Diese Verfassung mit ihren vielen nebeneinanderstehenden Verwaltungsorganen war nur bei einer großen Einmütigkeit in den zu politischem Wollen erwachten Gesellschaftsschichten durchführbar. Aber gerade diese Einmütigkeit begann zu versagen, als allmählich klarer wurde, daß die in den Anfängen der Revolution gegebenen Versprechungen sich in einem Klassenstaate der Wohlhabenden aufzulösen drohten. Die Urwählerversammlungen von Paris, wo Bürger aller Stände als „Patrioten" an den Ereignissen des Jahres 1789 mitgewirkt hatten, gaben zunehmend der Agitation gegen die großbürgerlichen Wahlbeschränkungen und für eine erweiterte Demokratie Raum. Ihre Unzufriedenheit richtete sich besonders gegen die alten Adligen, die in der Stellung von wohlhabenden Bürgern — der Adel war formell seit 1790 abgeschafft — noch zahlreich im Lande lebten und nicht selten erkennen ließen, daß sie die neuen Zustände nur ungern hinnahmen. Zum Ansatzpunkt aller Kritik aber wurde wieder das hilflose Königtum, das der Revolution offensichtlich nicht wohlgesinnt war und von allen beharrenden Kräften, von der alten Aristokratie wie nun auch von der ordnungsliebenden Bourgeoisie als Schutzschild emporgehoben wurde.

Die inneren Spannungen, die weiter in Frankreich bestanden, wurden wesentlich verschärft durch ein Zerwürfnis der Revolution mit der katholischen Kirche.

Die Constituante betrachtete diese Kirche als Element der sozialen Ordnung auch in der neuen Gesellschaft. Sie wollte die Religion nicht antasten. Aber sie löste die Kirche heraus aus der Feudalverfassung, in die sie mit Zehnten und grundherrlichen Rechten verflochten war. Sie griff, wie es absolute Fürsten schon oftmals getan hatten, in das Kirchengut, um die staatliche Finanznot zu beheben. Die gesamten kirchlichen Güter wurden am 10. April 1790 zu Nationalgütern erklärt, aus der geistlichen Verwaltung genommen und zum Verkauf gestellt. Damit verband sich eine Finanzoperation, die zuerst ein gutes Hilfsmittel der Revolution zu werden versprach, sie dann aber finanziell und wirtschaftlich in schwere Verlegenheiten brachte: Auf die Kirchengüter wurden Assignaten ausgestellt, die mangels genügender Steuereingänge zum Hauptzahlungsmittel des Staates wurden und dabei zu zunehmenden Inflationserscheinungen führten; sie verloren bis Anfang 1792 die Hälfte ihres Wertes und sanken später immer weiter ab. Der Staat übernahm den Unterhalt der Geistlichkeit, die bisher von den Zehnten und Gütern gelebt hatte, und garantierte den Pfarrern sogar ein erhöhtes Mindesteinkommen. Klöster und Orden wurden aufgelöst. Die kirchlichen Ländereien kamen meist parzellenweise in die Hand von Bauern und interessierten diese unmittelbar an dem neuen Zustande.

Diese Maßnahmen fanden Widerspruch bei dem größten Teil der Geistlichkeit. Zu einem nennenswerten Konflikt kam es aber erst, als die Nationalversammlung in der Folge dazu überging, Rechte der Kontrolle und Reform in bezug auf die innere Organisation der Kirche geltend zu machen. Durch die Zivilkonstitution des Klerus vom 12. Juli 1790 suchte sie die Kirche in die neue Staatsverfassung einzubauen und die Geistlichkeit zu einem Instrument des revolutionären Staates zu machen. Die Pfarrer sollten durch die aktiven Staatsbürger der weltlichen Gemeinden, einschließlich Protestanten und Juden, gewählt werden, die Bischöfe durch die Verwaltungskörperschaften der Departements, unabhängig von einer Bestätigung durch den Papst. Die Nationalversammlung glaubte dabei noch immer, Kultus und Lehre der Kirche ungestört zu lassen; hinter der Neuordnung standen auch einzelne religiöse Reformer (Jansenisten), die damit die Kirche mehr auf das Innerliche richten wollten. Aber indem man rein politisch verfügte und über alle Befugnisse des Römischen Stuhles hinwegging, verletzte man fundamentale Grundsätze der Römisch-katholischen Kirche. Papst Pius VI., ohnehin ein Gegner der in der Revolution verwirklichten Volkssouveränität, verwarf die Zivilkonstitution und verbot den Priestern den Bürgereid auf die französische Verfassung, den die Nationalversammlung bei Verlust ihres Amtes von ihnen forderte.

Die große Mehrheit der Geistlichen verweigerte in der Tat den Verfassungseid. Und der größte Teil der Gläubigen hielt fest zu den romtreuen, rechtgläubigen Priestern. Es gab nur einen schwachen „konstitutionellen" Klerus, der sich dem Staat ganz zur Verfügung stellte, und daneben die überwiegende Zahl der eidverweigernden Priester, die von der Constituante schließlich widerwillig, mit der Drohung der Gehaltsentziehung, geduldet wurden. Die Geistlichkeit, deren Abgeordnete sich zuerst in großer Zahl fördernd am Verfassungswerk beteiligt hatten, geriet durch diesen Konflikt in ihrer Mehrheit in Gegensatz zur Revolution und übte auf einen großen Teil der Bevölkerung, vor allem auf dem Lande, einen abträglichen Einfluß aus, indem sie die Kirchenpolitik der Revolution als gottlos verurteilte.

Die Nationalversammlung hatte die katholische Religion der politischen Neuordnung dienstbar machen wollen und sich damit eine unvorhergesehene Gegnerschaft in der Kirche geschaffen. Die Revolution, deren Feiertage zuerst noch mit kirchlichen Zeremonien begangen worden waren, trennte sich nun mehr und mehr von der katholischen Kirche. Ihre Vorkämpfer, ohnehin meist zu aufgeklärter Freigeisterei geneigt, legten auch die äußere Devotion für die Kirche allmählich ab. Kampf gegen die Priester wurde zum Kampf um die revolutionären Ideale. Die politische Revolution wurde schließlich selbst zum Gegenstand einer kirchenfeindlichen, deistischen oder atheistischen Ersatzreligion.

Dagegen fanden die aristokratischen Feinde der neuen politischen Einrichtungen einen vielfach ganz unerwarteten Bundesgenossen in den eidverweigernden Priestern und den kirchentreuen Bauern, die ohnehin gegen die Constituante eingenommen waren, weil sie ihre bäuerlichen Forderungen gegen die Feudalität unerfüllt gelassen hatte. Der Kirchenkonflikt hat auch den König Ludwig XVI. endgültig der Sache der Nationalversammlung entfremdet. Er hatte ihren Kirchendekreten, auf eine Verständigung mit dem Papste hoffend, zuerst zugestimmt und wurde dann, als diese ausblieb, von schweren Gewissensängsten geplagt. Hinfort suchte er nur nach Möglichkeiten, sich ohne zu große Gefahr für seinen Thron von der Revolution zu befreien.

Seit dem Juli 1789 hatten Gegner der revolutionären Entwicklung, zuerst königliche Prinzen mit ihrem Anhang, dann höfische und ländliche Adlige, in großer Zahl Frankreich verlassen. Sie konnten sich mit dem Verlust ihrer alten Lebensart nicht abfinden und erfüllten sich mehr und mehr mit dem Wunsch nach einer völligen Wiederherstellung der früheren Zustände. Bis zum Herbst 1791 waren schon über 40 000 Edelleute ausgewandert. An benachbarten kleinen Fürstenhöfen, in Turin, Mainz, Trier sammelten sie sich und bildeten Zentren der Gegenrevolution. Ein besonders auffälliges Treiben von angriffslustigen Aristokraten entfaltete sich in Koblenz unter dem Schutze des Kurfürsten von Trier. Man stellte militärische, freilich nicht sehr kampfkräftige Formationen auf; vornehmlich aber hoffte man auf die Hilfe auswärtiger Mächte. Graf Artois, der ahnenstolze jüngste Bruder des Königs, bemühte sich unausgesetzt, die europäischen Souveräne zum Eingreifen für den gefährdeten König von Frankreich und zur Rückführung der Emigration in ihre alten Rechte zu gewinnen.

Verschiedene Fürsten: Kaiserin Katharina II. von Rußland, die Könige von Spanien und Schweden, gaben in der Tat bald offen dem Gedanken Ausdruck, daß die Mächte des alten Europa in monarchischer Solidarität für die Wiederherstellung der früheren Ordnung in Frankreich eintreten müßten. Die Beschlüsse der französischen Nationalversammlung über die Abschaffung des Feudalwesens stießen mit den Ansprüchen mancher ausländischer Fürsten zusammen: so in den päpstlichen Besitzungen in Südfrankreich und in den Gebieten deutscher Reichsfürsten im Elsaß. Diese lehnten Entschädigungsangebote ab und führten eine Stellungnahme des Regensburger Reichstages herbei, worin der Kaiser zum Einschreiten gegen die französischen Maßnahmen aufgefordert wurde. Aber Gebote der Staatsklugheit widerrieten doch eine zu offene Einmischung in die inneren Angelegenheiten Frankreichs am Wiener Hof, im britischen Kabinett und auch in der Politik Rußlands. Kaiser Leopold II., der Bruder der französischen Königin, wünschte sich nicht zum Werkzeug der französischen Emigranten zu machen und trachtete nur durch diplomatischen Druck die Stellung des Königs in Paris zu verbessern und die Ansprüche der Reichsfürsten zu regeln. Wenn er sich nun um gemeinsame Erklärungen der monarchischen Höfe für König Ludwig XVI. bemühte, so erhielt in Paris mehr und mehr der Argwohn Nahrung, daß eine bewaffnete Intervention zur Wiederherstellung des

Privilegienstaates drohe. Der widerstrebende König erschien als natürlicher Verbündeter der feudal-absolutistischen Herrscher des Auslandes. Die Königin suchte in der Tat ihren kaiserlichen Bruder ständig in die innerfranzösischen Auseinandersetzungen hereinzuziehen, und auch der König begann hilfeflehend nach den Grenzen zu blicken, als ihm seine Lage in Frankreich unerträglich und unverbesserlich geworden zu sein schien. Der Verdacht der Verbindung des Hofes mit dem Auslande beschäftigte die öffentliche Meinung, die Zeitungen, die Klubs in Paris und verdichtete sich mit jeder unfreundlichen Geste revolutionsfeindlicher Souveräne.

König Ludwig XVI. wagte nicht, sich den ausländischen Mächten offen in die Arme zu werfen. Unter dem Einfluß seiner plänereichen Gattin faßte er den Entschluß, aus den Pariser Tuilerien, wo er sich auch in seiner persönlichen Bewegungsfreiheit immer mehr behindert sah, heimlich zu entweichen. Er begab sich jedoch nicht, wie der im Frühjahr 1791 verstorbene Mirabeau ihm geraten hatte, in den Schutz königstreuer Landsleute, die er hierfür vielleicht auch nicht mehr gefunden hätte, sondern in die Nähe der deutschen Grenze, wo er sich nicht nur auf vermeintlich zuverlässige Regimenter, sondern zugleich auf einen Aufmarsch von Emigranten und deutschen Truppen stützen wollte, um eine Stärkung des verfassungsmäßigen Königtums in Frankreich zu erzwingen. Kaiser Leopold stellte auf Andringen der Königin militärische Hilfe für den Plan in Aussicht.

In der Nacht zum 21. Juni 1791 wurde der Fluchtversuch ins Werk gesetzt. Er mißlang, weil auch die Truppen des Ostens sich keineswegs mehr für die Sache des Königtums einsetzten und die Bevölkerung auch in der Provinz die Revolution nicht preisgeben wollte. In Varennes wurde die königliche Familie von Zivilisten aufgehalten und zur Umkehr gezwungen. Eine von Ort zu Ort wachsende Menge brachte den König mit seiner Familie unter Verwünschungen nach Paris zurück. Er wurde hinfort unter Bewachung gehalten und durfte die Tuilerien nicht mehr verlassen — Gefangener der Nationalversammlung, der Nationalgarde und des Pariser Volkes.

Der königliche Fluchtversuch brachte die Gefahr der ausländischen Intervention beängstigend und erregend zum allgemeinen Bewußtsein. Alles war darin einig, das Entweichen des Monarchen für verräterisch, für einen Schlag gegen das Volk und die Volksvertretung anzusehen. Die Nationalversammlung erklärte den zurückgeführten König für vorläufig suspendiert. Zum ersten Male fand nun der Gedanke der radikalen Demokratie, die neben dem von allen Staatsbürgern gebildeten allgemeinen Willen keinen Raum hat für ein aus eigener

Wurzel gewachsenes Königtum, ein weiteres Echo. Das von Robespierre und anderen bürgerlichen Intellektuellen vertretene demokratisch-republikanische Ideal hatte sich bereits langsam ausgebreitet in den mittel- und kleinbürgerlichen Kreisen von Paris und anderen Städten. Es fand seinen Rückhalt in einer neuen Organisation der politischen Klubs.

Die hauptstädtischen Patrioten, die früher regellos zu Volksversammlungen und Volksaktionen zusammengeströmt waren, begannen sich seit 1790 zu organisieren in einem neuen Netz volkstümlicher Klubs, die zu Stätten demokratischer Willensbildung und politischer Kampfgruppen wurden. Diese Volksvereine, deren Vorbild der „Klub der Cordeliers" war (so genannt nach dem früheren Pariser Franziskanerkloster, in dem er zuerst tagte), sahen ihre Aufgabe in der Überwachung der öffentlichen Gewalten mit Hilfe öffentlicher Anzeigen, in Petitionen, Demonstrationen, wenn nötig Aufständen. Ihre Anhänger drangen als Gäste und turbulente Zuschauer auch in die vornehmen Debattierklubs der ersten Revolutionszeit ein, die vornehmlich aus Akademikern und Kaufleuten bestanden. Die im früheren Jakobinerkloster tagende „Gesellschaft der Verfassungsfreunde", kurz Jakobinerklub genannt, wurde so allmählich umgewandelt zur vorzugsweisen Pflegestätte und zum geistigen Zentrum der demokratisch-republikanischen Agitation. Der Jakobinerklub stand in fortwährender Verbindung mit den literarischen Gesellschaften der Provinzstädte, die ebenfalls zu politischen Klubs geworden waren. Im Pariser Jakobinerklub wurden schließlich regelmäßig die revolutionären Parolen gebildet, die durch das Netz der Kluborganisation durch die Hauptstadt und durch Frankreich getragen wurden. Man forderte hier seit langem die Aufhebung der den Menschenrechten widersprechenden Wahlrechtsbeschränkungen; dazu erhob sich nun laut der Ruf nach Beseitigung der Monarchie zugunsten einer Republik, in der möglichst unmittelbar der Volkswille gelten sollte. In Klubs, Zeitungen, Wählerversammlungen kam der demokratische Gleichheitsgedanke zu mächtigem Auftrieb. Er fand in Paris eine Reihe von hervorragenden Verkündern: Neben Robespierre, dem konsequenten Doktrinär und Taktiker, standen der vollblütige und redegewaltige Volksmann Danton und der Journalist Marat, der eine gewalttätige republikanische Diktatur auf Grund des gleichen Wahlrechtes erstrebte, der feurige Volksredner Desmoulins, der gewandte Literat und Journalist Brissot und der Marquis Condorcet, ein gelehrter Akademiker, der „letzte der Philosophen" aus der großen Schule der französischen Aufklärung.

Die maßgebende Mehrheit der Constituante stellte sich jedoch der demokratischen Agitation entschlossen entgegen. Sie versteifte sich gerade jetzt auf Erhaltung des einmal geschaffenen großbürgerlichen Verfassungsstaates. Um Ruhe und Ordnung, bürgerlichen Besitz und Erwerb zu erhalten, glaubte sie weiter der Einrichtung des Königtums zu bedürfen. Gegen neue Ausbrüche einer unmittelbaren Demokratie brachte sie das von ihr geschaffene „martialische Gesetz" zur Anwendung, das ein Eingreifen bewaffneter Nationalgarden gegen Ruhestörer vorsah. Am 17. Juli 1791 wurde auf dem Marsfeld eine von führenden Cordeliers veranlaßte Demonstration, die am „Altar des Vaterlandes" Unterschriften für die Absetzung des der Nation untreu gewordenen Königs sammelte, mit Gewehrsalven auseinandergetrieben. Die Revolution sollte beendet sein: Klubführer wurden verhaftet, demokratische Blätter verboten; die demokratische Bewegung wurde aus der Öffentlichkeit zurückgedrängt, wenn man sie auch nicht zu unterdrücken wagte. Die konstitutionellen Monarchisten, die Väter der Verfassung, trennten sich offen von den Jakobinern und bildeten unter Führung von Lafayette den Klub der „Feuillants", der sich freilich niemals zu breiterer Wirkung entfaltete. Die Constituante schloß im September 1791 ihr Werk ab, indem sie den entmachteten König Ludwig XVI. wieder einsetzte und ihn die Verfassung beschwören, ja sogar den Wunsch nach Verstärkung seiner Befugnisse aussprechen ließ. Doch die Krise der konstitutionellen Monarchie war damit nicht beendet, sondern nur aufgeschoben.

Am 1. Oktober 1791 trat eine neue, nach dem Zensuswahlrecht gewählte Versammlung zusammen, die nach der Verfassung für zwei Jahre als „Legislative" die gesetzgebende Gewalt ausüben sollte. Angesichts der großen Entscheidungen, die auch ihr bald zufielen, hat sich für sie ebenfalls der Name „Nationalversammlung" eingebürgert. Sie bestand ganz vorwiegend aus Bürgerlichen, lauter neuen Männern, da die Constituante bei ihrem Auseinandergehen beschlossen hatte, daß kein Abgeordneter wiedergewählt werden dürfe, in der Meinung, damit eine Gewähr für die persönliche Uninteressiertheit der neuen Abgeordneten zu schaffen. Die aristokratische Reaktion hatte in der neuen Versammlung keine Anhänger mehr. Von den Mitgliedern, die sich von vornherein erklärten, traten zwei Drittel den Feuillants, ein Drittel den Jakobinern bei. Aber die Mehrheit wurde mehr und mehr auf die Seite der demokratischen Jakobiner gezogen, dank dem Eifer und dem rhetorischen Talent ihrer Redner und der krisenhaften Stimmung, die das ganze Land durchzog.

Innere Unruhe und äußere Gefahr wirkten dabei zusammen. In den Städten schürte die Teuerung, die Folge der Verkaufsscheu und

der Assignatenentwertung, die Gefühle aller kleinen Leute gegen die
Reichen und Besitzenden; auf dem Lande verlangten die Bauern
dringend nach erleichterter Ablösung der Feudallasten. Kundgebungen
der Kirchentreue forderten priesterfeindliche republikanische Ant-
worten heraus, durch die sich der Riß zwischen politisch-demokra-
tischer und kirchlich-konservativer Gesinnung vertiefte. Das Besitzbürgertum, zufriedengestellt durch die Gleichberechtigung mit dem
Adel, die Freiheit für Handel und Gewerbe und für alle Talente,
hatte jetzt kein Interesse mehr an den unruhigen Kleinbürgern und
Proletariern, die die Revolution weitertreiben wollten; viele waren
auch der politischen Bewegung müde und glaubten genug getan zu
haben. Aber die aktiven, vorwärtsdrängenden Elemente in den mittleren und unteren Schichten fanden ihre Führung bei den bürgerlichen
demokratischen Theoretikern in den Klubs. Sie gewannen mit Hilfe
der Kluborganisation die Oberhand in der politischen Bewegung und
verdrängten das jetzt ruheliebende Besitzbürgertum, das über keinen
gleichwertigen Zusammenhalt verfügte, vielfach aus den Verwaltungs-
stellen. Aktive Minderheiten gaben dem Gedanken einer zweiten
Revolution Raum, die der Durchführung der Gleichheit gelten sollte.
In Paris drängten sie die gesetzgebende Versammlung vorwärts zu
entschiedenen Beschlüssen gegen alle drohenden Gegner der Revolution. Den Priestern, die den Verfassungseid verweigerten, wurde
nun konsequent das Gehalt entzogen; die Emigranten wurden bei
Todesstrafe aufgefordert, bis zum 1. Januar 1792 zurückzukehren.
Die wirkungsvollen Redner der Linken, voran einige Anwälte aus
dem Departement Gironde (Bordeaux), wie der pathetisch-beredte
Vergniaud, trieben die nationalen Gefühle der Versammlung hoch
gegen das mit den Emigranten verbundene Ausland. Man hörte von
Verabredungen der europäischen Mächte gegen Frankreich und hielt
es für ein Gebot der nationalen Ehre, den auswärtigen Tyrannen die
Stirn zu bieten.

Am 27. August 1791 hatten Kaiser Leopold II. und König Fried-
rich Wilhelm II. von Preußen aus Pillnitz eine Erklärung erlassen,
worin sie das gemeinsame Interesse aller europäischen Souveräne an
einer kräftigen monarchischen Regierung in Frankreich aussprachen.
Sie wollten gemeinsam Streitkräfte dafür aufbieten, wenn es zu
einem europäischen Einvernehmen käme. Das war die offene Drohung
mit der Intervention, wenn auch Kaiser Leopold alles tat, um sie
nicht zur Wirklichkeit werden zu lassen. Die Verbindung der führenden Mächte gegenüber der französischen Revolution war aber auch
mehr und mehr die Hoffnung des französischen Königspaares geworden, um dem Königtum wieder eine stärkere Stellung erobern zu

können, sei es unter dem siegreichen Schutz der fremden Heere, sei
es selbst im Kampfe gegen sie. Da auch die Mehrheit der konstitutionellen Monarchisten in der Legislative dem Krieg zugeneigt war, weil
sie von einer militärischen Erstarkung Günstiges für ihre Sache er-
hofften, fand sich mit der kampflustigen Linken eine große Mehrheit zusammen, die zum baldigen Kriege mit dem Kaiser, dem ersten
Fürsten des monarchischen und feudalistischen Nachbarreiches drängte.
Sie stellte im März 1792 den Außenminister de Lessart unter Anklage wegen schwächlicher Haltung und zwang den König, ein ihm
durchaus unsympathisches Ministerium aus Freunden der Gironde-
abgeordneten zu bilden, dessen führende Köpfe der republikanisch
gesonnene Innenminister Roland und der tatenlustige Außenminister
Dumouriez waren, ein alter bürgerlicher Beamter und ein alter adliger
Offizier, die sich der neuen Bewegung erschlossen hatten. Am
20. April 1792 vollzog der König einen Beschluß seiner Minister,
indem er der Nationalversammlung die Kriegserklärung gegen den
habsburgischen Herrscher vorschlug. Die Versammlung stimmte begeistert zu; man hörte den Ruf: „Krieg den Königen, Friede den
Völkern" und begrüßte diesen Krieg als Kampf für die Freiheit.

Der Ausbruch des Krieges, von dem seiner Lage überdrüssigen
Könige herbeigewünscht, von den demokratischen Wortführern der
Legislative beschleunigt, war ein Erzeugnis der Krise der konstitutionellen Monarchie. Er hat nach kurzem ihren Sturz herbeigeführt und,
unter freilich sehr ungünstigen Umständen, die demokratisch-republikanische Bewegung zur Macht gebracht.

DIE DEMOKRATISCHE REPUBLIK
1792—1794

DER STURZ DER MONARCHIE

Die Politik der Linken in der Legislative, die den König vorantrieb, wurde bestimmt durch eine Gruppe von demokratischen Politikern, die man später mit ihren Anhängern zusammenfassend als „Girondisten" bezeichnet hat nach den Gironde-Abgeordneten, die zuerst den Ton bei ihnen angaben, obwohl ihnen bald markante Persönlichkeiten aus verschiedenen Landesteilen angehörten, wie der Pariser Brissot und der Minister Roland. Hochsinnig und etwas leichtsinnig, glaubten diese Männer an die befreiende Kraft der revolutionären Ideen und waren überzeugt, daß alle Völker in Kürze den Franzosen im Kampf gegen die Tyrannen der Welt zujubeln würden. Sie wollten durch den zuvorkommenden Angriff· auf die hinter den Emigranten stehenden Fürsten die nationale Leidenschaft für die Revolution entfachen, durch revolutionäre Propaganda die benachbarten Völker gegen ihre Herrscher in Bewegung setzen, die Sache der Freiheit nach außen und gleichzeitig im Innern weitertreiben. Sie hofften das Königtum durch den Krieg gegen den Kaiser, den Herrn der altertümlichen deutschen Reichsordnung, in den Dienst der demokratischen Sache zwingen und ein Gemeinwesen herbeiführen zu können, das, im Aufbau demokratisch-republikanisch, vielleicht formell noch mit einem Monarchen ausgestattet, von ihren rednerischen und politischen Talenten geleitet würde. Die Girondisten stützten sich auf die gegen Aristokraten und Ungleichheiten entflammte Stimmung der Klubs, wollten sie auf große Ziele lenken und sich auf ihren Wogen hochtragen lassen. Sie verwiesen siegesgewiß auf die Millionenmasse von Nationalgarden, die Frankreich den Feinden werde entgegenstellen können, auf die Möglichkeit von Freiwilligenwerbungen, wie sie seit dem königlichen Fluchtversuch schon neu begonnen hatten. Sie unterschätzten die politischen und militärischen Schwierigkeiten, außen wie innen. Aber die Stimmung der demokratischen Aktionsgruppen in Paris und im ganzen Lande stand damals durchaus hinter ihnen. Krieg gegen die Tyrannen schien gleichbedeutend zu sein mit dem Kampf für Freiheit und Gleichheit. Die rote „phrygische Mütze" wurde im Frühjahr 1792 volkstümlich als Sinnbild der demokratischen Revolution und des kämpfenden „Patriotismus".

Nur eine kleine Gruppe klarer blickender Demokraten hatte sich monatelang gegen die Kriegsstimmung gestemmt, voran Robespierre, der konsequente Anwalt der politischen Gleichheit und Volkssouveränität. Er fürchtete die Unberechenbarkeiten eines Krieges unter Führung des Königs, des Hofes, des alten Heeres; er wünschte die Revolution erst im Innern im demokratischen Sinne zu vollenden, methodisch, Schritt für Schritt, um sie dann später nach außen verteidigen und ausbreiten zu können. Der voreilige Propagandakrieg erschien ihm als Illusion („Die bewaffneten Missionare sind bei niemandem beliebt"), und er sah klar, daß der Krieg den Ehrgeiz von Generalen beflügeln und die Militärdiktatur herbeiführen könne. Um ihn sammelte sich der Kern der späteren „Bergpartei" — so genannt, weil sie auf den obersten Bänken der Linken in der gesetzgebenden Versammlung saßen — Männer, die die unmittelbaren Bedürfnisse und Möglichkeiten der Masse besser kannten, aber vorerst in die von den Girondisten gewiesene Bahn mitgerissen wurden.

Die ersten militärischen Ergebnisse des Krieges schienen den Warnern recht zu geben. Der Angriff auf Belgien mißlang infolge des zerrütteten Zustandes der Armee, die größtenteils noch aus alten, kampfunlustigen Soldaten bestand und deren Offiziere in Scharen das Land verließen. Truppen Österreichs und des mit dem Kaiser verbündeten Preußens bedrohten die Grenze. Gleichzeitig führte der Krieg zu erheblichen Störungen der Wirtschaft: die Ausfuhr sank, die gewerbliche Produktion stockte, die Staatskassen blieben leer. Zur Finanzierung des Krieges mußten neue Assignaten ausgegeben werden, was bald zu zunehmender Inflation führte; der Schuldendienst wurde weitgehend eingestellt. Die Unzufriedenheit wuchs in weiten Kreisen des Bürgertums und drohte sie der monarchischen Reaktion in die Arme zu treiben.

Um der Gefahr zu begegnen, ging die Nationalversammlung unter Initiative des Ministers Roland zu neuen scharfen Beschlüssen gegen die eidverweigernden Priester, in denen man jetzt Begünstiger des Feindes sah, und gegen das Königtum über. Die königliche Garde, die eigenmächtig verstärkt und revolutionsfeindlich gesinnt war, wurde aufgelöst; Bewaffnete aus allen Teilen des Landes wurden wie 1790 zum Föderationsfest nach Paris eingeladen und sollten in einem Lager bei der Hauptstadt vereinigt werden. (Dekret vom 8. Juni 1792.) Es war klar, daß dieses Zusammenströmen jetzt anders als damals den Girondisten eine demokratisch-jakobinische Hilfstruppe zur Verfügung stellen und die demokratischen Aktionsgruppen der Hauptstadt durch die des ganzen Landes verstärken würde. In Paris verfügten sie schon über mehrere tausend meist mit Piken bewaffnete, vielfach arbeitslose und von der Stadtverwaltung unterstützte Proletarier, die Straßen und Tribünen bevölkerten, „Sansculotten" (Ohnehosen), wie sie nach ihren langen Beinkleidern im Gegensatz zu den wohlangezogenen Kniehosenträgern genannt wurden. Durch die Stimmung der besitzenden Klassen und die konstitutionell-bürgerliche Mehrheit der Nationalgarde, die in zunehmender Opposition dagegen standen, ließ der König sich noch zu einem letzten Widerstandsversuch treiben. Er machte noch einmal von seinem Vetorecht Gebrauch gegen die Versammlungsbeschlüsse, entließ die girondistischen Minister und bildete ein Ministerium aus konstitutionellen Feuillants, wie sie jetzt auf der rechten Seite saßen. Er ließ sich davon auch nicht abbringen durch eine Massendemonstration, zu der am 20. Juni die vorstädtischen Sektionsversammlungen eine große Volksmenge auf die Beine brachten: er ließ die Demonstranten in die Tuilerien und an sich herankommen, ließ sich bedrängen und setzte sich sogar eine rote Mütze auf, aber gab keine Versprechungen.

Der Innenminister Monciel konnte im Sommer 1792 sogar eine monarchistische Verfassungsänderung planen mit Hilfe der Departementsverwaltungen, die zum großen Teil noch aus antidemokratischen Großbürgerlichen bestanden. Lafayette, der seit Ende 1791 von der Pariser Nationalgarde entfernt war und als General an der Front stand, suchte sich von dort gegen die Jakobiner im Innern zu wenden und ließ das, in höchst zweideutiger Haltung, sogar die Österreicher in Brüssel wissen. Er erschien im Juli in Paris, bot sich dem König und der Nationalversammlung als Mittler an, suchte aber die konstitutionellen Gegner der Jakobiner vergeblich um sich zu einigen. Ein Staatsstreich für die Monarchie wurde doch nicht mehr gewagt. Die Girondisten aber standen nun zu um so engerer Zusammenarbeit bereit mit allen Volksmännern und Volksvereinen und den Aktivisten der Straße, die darauf brannten, den Gang in die Tuilerien in energischerer Weise zu wiederholen.

Immer deutlicher zeigte sich, daß das Königtum, der Adel und nun auch das antidemokratische Großbürgertum natürliche Verbündete des heranmarschierenden Feindes waren. In der feudalistischen Presse, die es unter dem Schutze der Pressefreiheit noch gab, wurde offen gedroht, die Armee würde zum Feinde abfallen, und die siegreichen Kroaten der österreichischen Armee würden bald die Pariser mißhandeln. Die Mehrheit der gesetzgebenden Versammlung war an sich mit den Pariser Demonstrationen nicht einverstanden. Aber unter dem Eindruck der Gefahr konnte sie dem revolutionären Eifer der Linken aufs neue nicht widerstehen. Sie ließ die Föderierten, die schon vielfach in Marsch gesetzt waren, trotz des königlichen Einspruchs nach Paris kommen. Die Girondisten bewirkten in großen und glänzenden Debatten die Erklärung, daß das „Vaterland in Gefahr" sei. Unter rührenden Szenen der Verbrüderung erließ die Versammlung am 11. Juli 1792 eine entsprechende Proklamation an das Land. Alle waffenfähigen Bürger wurden in den Zustand dauernder Aktivität versetzt, zur Einregistrierung als Freiwillige aufgefordert und sollten die Nationalkokarde anlegen. Freiwillige wurden ausgehoben und von den Distriktshauptorten zu den Armeen geschickt. Es waren Maßnahmen, die vor allem die Landbevölkerung tief aufrührten und mit der Sache der revolutionären Nation verbanden. Sie richteten sich jetzt auch gegen den König, der mehr und mehr offen des Einverständnisses mit den Feinden, den Österreichern, Preußen und Emigranten beschuldigt wurde.

In den Provinzen fand die königsfeindliche Stimmung zum Teil noch schärferen Ausdruck als in Paris; besonders dort, wo die demokratisierten Klubs die Mehrheiten im Stadtrat gewonnen hatten. Ein Mittelpunkt solcher Bewegung war Marseille. Von dort brach ein Freiwilligenbataillon zum Pariser Föderationsfest auf, das durchaus königsfeindlich gestimmt war, meist junge Leute aus guten Familien, die sich durch den Appell an die Vaterlandsliebe und kriegerische Begeisterung zu einem demokratisch-republikanischen Patriotismus entflammen ließen. Auf ihrem Marsch von Marseille nach Paris sangen sie das Kriegslied gegen die Tyrannen, das kurz zuvor in Straßburg für die Rheinarmee von Rouget de l'Isle gedichtet und komponiert worden war; durch sie wurde es bekannt und verbreitet als Kampflied der demokratisch-republikanischen Revolution, hinfort „Hymne der Marseiller" oder Marseillaise genannt. Die zum Föderationsfest zusammenströmenden Bataillone blieben in Paris, bildeten einen zentralen Ausschuß und erklärten, nicht weichen zu wollen, bis der Kampf gegen den verräterischen Hof gewonnen sei. Sie bestürmten die Nationalversammlung mit Anträgen auf Absetzung des Königs und Einberufung der Urwählerversammlungen, „um den Volkswillen unmittelbar und bestimmt zu erfahren und einen Nationalkonvent zu berufen, der über gewisse Verfassungsartikel entscheiden soll". Dahinter stand die Idee der demokratischen Republik, in der „alles durch das Volk und für das Volk geschieht".

In Wechselwirkung mit den Föderierten verstärkte sich fortgesetzt die Tätigkeit der demokratischen Aktionsgruppen in Paris. Die Urwählerversammlungen der Stadtbezirke (Sektionen) begannen selbständig das allgemeine Stimmrecht bei sich einzuführen, ihre Bewaffnung wurde kräftig gefördert durch die Stadtverwaltung, in der Danton jetzt der maßgebende Mann war. Robespierre arbeitete unermüdlich als Mittelsmann und geistiger Inspirator bei den Föderierten, im Jakobinerklub und in den Pariser Sektionen gegen den König, für einen Nationalkonvent und allgemeines Wahlrecht. Aus dem Zusammenwirken zwischen der radikalen Bewegung der Föderierten und den demokratischen Volksorganisationen vollzog sich der Sturz des Königtums als einer mit dem feindlichen Ausland verbündeten, dem demokratischen Vaterlande feindlichen Einrichtung.

Das Verhalten des Königs Ludwig XVI. war mehr und mehr unklar und ratlos. Er hoffte zweifellos auf baldige Befreiung durch die Österreicher und Preußen. Und die Drohung des feindlichen Einmarsches rückte in der Tat näher. In den letzten Julitagen wurde in Paris ein Manifest der verbündeten Mächte an die Franzosen bekannt, das der Oberkommandierende, der Herzog von Braunschweig, ganz gegen seine eigentliche Meinung von Emigranten und unklugen Fürsten sich hatte abnötigen lassen. Darin war den Parisern und ihrer Stadt Strafe und Verderben angedroht für den Fall, daß sie sich dem König nicht unterwerfen würden. Dieses Manifest, das zuerst in royalistischen Zeitungen erschien, diente gegen die Absicht seiner Urheber und Verbreiter dazu, die demokratische Erregung und die Kampfleidenschaft gegen das Ausland und den König gerade in Paris auf das höchste zu entfachen. Als sich zeigte, daß die Nationalversammlung diesen Kampf nicht durchführen würde, kam es zum bewaffneten Aufstand, der diesmal nicht spontan entstand, sondern planmäßig herbeigeführt wurde als das Werk der aktiven Pariser und auswärtigen Gruppen, welche die übrige Bevölkerung nur zum Teil noch mitzureißen, aber auch alle Widerstände auszuschalten vermochten.

In der Nacht zum 10. August wurden unter dem Läuten der Sturmglocken in den Pariser Sektionsversammlungen mit ganz geringer Wahlbeteiligung Kommissare gewählt, durchweg entschiedene Königsfeinde, die im Stadthaus zusammentraten als neue revolutionäre Munizipalbehörde und Maßnahmen trafen, um zweifelhafte Einheiten der Nationalgarde für den Tag unschädlich zu machen. Am Morgen rückten Föderierte und bewaffnete Pariser Kolonnen zu den Tuilerien, zuletzt etwa 15 000 Mann und forderten die Übergabe des Schlosses. Das im Schloß verteilte Regiment Schweizergarde begann gegen die eindringenden Marseiller zu feuern und verursachte mehrere hundert Tote und Verwundete. Da der König nach den ersten Salven Einstellung des Feuers anordnete und sich mit seiner Familie unter den Schutz der Nationalversammlung stellte, konnte die bewaffnete Menge mit geringem Widerstand in das Schloß eindringen, ohne eigentlichen Kampf, aber infolge der für die demokratische Revolution entfalteten politischen und bewaffneten Kräfte.

Die aktivierte demokratische Bewegung, gestützt auf den neuen revolutionären Stadtrat, vermochte nun jeden Widerstand hinwegzuräumen. Die Nationalversammlung tagte nur noch in einer linksgerichteten Minderheit, da die Mehrheit der konstitutionellen Rechten und der Mitte sich nicht mehr blicken zu lassen wagte. Sie dekretierte noch am 10. August die vorläufige Suspension des Königs wegen seines Benehmens in einem Kriege, der in seinem Namen gegen die Verfassung und gegen die nationale Selbständigkeit unternommen worden sei, und die Berufung eines Nationalkonvents durch die französische Nation, der über die „Sicherung der Volkssouveränität und die Herrschaft der Freiheit und Gleichheit", d. h. über die künftige Verfassung beschließen solle. Der Unterschied zwischen aktiven und passiven Bürgern wurde aufgehoben, das allgemeine Wahlrecht festgesetzt — unter Ausschluß jedoch der Dienstboten, wegen ihrer vorausgesetzten Unselbständigkeit —; die indirekte Wahl wurde beibehalten. Der König und seine Familie wurden als Geiseln in Haft genommen, bald darauf von der Stadtverwaltung gefangengesetzt.

Die Regierungsgewalt ging an einen neuen Ministerrat über, der von der Nationalversammlung durch Zuruf aus Girondisten und radikalen Jakobinern gebildet wurde. Danton hatte als Justizminister den Dekreten das Staatssiegel aufzudrücken und übte die Funktion eines leitenden Ministers aus. Die Idee einer rein demokratischen, auf alle und besonders die unteren Volksschichten gestützten Verfassung hatte gesiegt. Die Ausführung wurde improvisiert, Stück für Stück nach den Umständen, ohne daß man sogleich formell die Republik erklärte. Der Ministerrat war formell Vollzugsrat der Nationalversammlung bis zum Zusammentritt des neuen Konvents. Die alte Versammlung aber verlor nun rasch an Ansehen. Der revolutionäre Gemeinderat, die „Kommune" von Paris, aus meist unbekannten und mittelmäßigen Anhängern der Jakobiner bestehend, riß die Gewalt in der Hauptstadt an sich und erhob den Anspruch, als unmittelbare Verkörperung des Volkswillens eine Diktatur neben und über der Versammlung auszuüben. Sie hielt die Aktionsgruppen der Sektionen unter Waffen, unterdrückte alle Äußerungen royalistischer Gesinnung; die gegenrevolutionäre Presse verschwand, Anhänger des Königs wurden eingekerkert oder terrorisiert, dafür eine mächtige demokratisch-republikanische Propaganda gefördert. Es begann eine neue Emigration, die der liberalen Adligen und der bürgerlichen konstitutionellen

Monarchisten, die die erste Revolution getragen hatten. Auch Lafayette verließ nun Frankreich, nachdem er die Armee vergeblich gegen
die Suspension des Königs einzunehmen versucht hatte.

DER ÜBERGANG ZUR REPUBLIK

Fast gleichzeitig mit dem Sturze des französischen Königtums
überschritt die preußisch-österreichische Hauptarmee die Grenze,
langsam und methodisch, in der sicheren Erwartung, in dem von re-
volutionärem Fieber geschüttelten Lande leichtes Spiel zu haben. Die
Erwartung wurde gründlich getäuscht. Der Zorn über die Einmischung
der Fremden erweckte noch einmal die einhellige revolutionäre Begeisterung, wie sie in Frankreich in den großen Tagen des Jahres 1789
geherrscht hatte. In allen Landesteilen strömten die Freiwilligen zu
den Fahnen, und je näher die Gefahr rückte und alles bedrohte, was
man seit drei Jahren errungen hatte, um so mehr wuchs die patriotische Erregung und gab das Gesetz des Handelns in die Hand der
demokratisch-republikanischen Bewegung, die am 10. August den
endgültigen Bruch mit den Mächten der Vergangenheit vollzogen
hatte. Ihr mußte sich alles unterordnen, obwohl sie selbst nur eine
Minderheit darstellte und zu moralischen und materiellen Druckmit-
teln griff. Französischer Patriotismus wurde in der gesamten Öffentlichkeit gleichbedeutend mit republikanischem Demokratismus; die
Verteidigung des Vaterlandes war gleichzeitig Verteidigung der Freiheit und Gleichheit.

Die stärkste Triebkraft lag bei dem revolutionär entstandenen
Pariser Gemeinderat, der „in Permanenz" tagte wie die demokratischen
Sektionsversammlungen, aus denen er hervorgegangen war. Hier
wurden eifrig und erregt alle Maßnahmen der Verteidigung gegen
den auf die Hauptstadt vorrückenden Feind betrieben: Ausrüstung
von Freiwilligen, Schanzarbeiten vor der Stadt, Besteuerung, Herstellung von Waffen. Hand in Hand damit gingen Maßnahmen der
Einschüchterung gegen Royalisten und gegen alle, die als Verräter
und Feinde der Verteidigung des Vaterlandes und der Volks-
freiheit verdächtigt wurden, durch einen ständigen Sicherheitsausschuß und die einzelnen Sektionsversammlungen. Die bürgerliche
Nationalgarde wurde umgebildet mit demokratisch zuverlässigen
und handfesten Proletariern und Kleinbürgern; sie war künftig
nicht mehr, wie bisher, auf Besitzende beschränkt, und die Ruheliebenden hielten sich ihr in vielen Stadtteilen ganz fern. Die

Pariser Kommune griff in Wirtschafts-, Finanz- und Außenpolitik
ein und wußte der Nationalversammlung durch Erscheinen vor ihren
Schranken, auf den Tribünen und mit Massenaufgeboten oft ihren
Willen aufzuzwingen. Diese Rumpfversammlung war jetzt zwar
ebenfalls republikanisch-demokratisch, wollte aber in ihrer Mehrheit
die individuellen Rechte nicht so weitgehend aufopfern wie die
aktivistischen, rücksichtslosen Männer der Kommune, die Gleichheit,
Gemeinwohl, allgemeine Sicherheit und den namenlosen „Volkswillen", als dessen Organ sie sich fühlten, über alles persönliche Recht
stellten. Vergeblich versuchte die Versammlungsmehrheit schließlich,
die ihr unbequeme Stadtvertretung, die Trägerin der Exekutiv-
gewalt in Paris, durch Anordnung von Neuwahlen aus dem Sattel
zu heben. Diese blieb eigenmächtig im Amt auf Grund der von
Robespierre entwickelten Theorie, daß nur die Sektionsversammlungen, aus denen sie hervorgegangen war, ihr das Mandat entziehen
könnten.

In der ständigen Reibung dieser beiden Körperschaften, mit Hilfe
des Druckes der Kommune und als Seele des von der Nationalversammlung eingesetzten Vollzugsrates, erhob sich Danton zum Leiter
der allgemeinen Verteidigung des Landes und der Revolution. Kommissare der Nationalversammlung wurden in die Provinzen entsandt,
durch Danton meist aus den Männern der Pariser Kommune ent-
nommen, und setzten dort, freilich noch unter manchem Widerspruch,
die gleichen Maßnahmen wie in Paris durch: Sicherheitskomitees,
Verhaftungen, Besteuerungen. Wirtschaftlich suchte man die „Reichen",
wie die politisch unsicheren Besitzbürger einfach genannt wurden,
die Spekulanten und berufsmäßigen Aufkäufer (accaparateurs) zu
treffen, wollte die Teuerung durch Zwangsverkäufe und durch einen
Zwangskurs für Assignaten bekämpfen, der Arbeitslosigkeit durch die
Schanzarbeit und die Rekrutierung der jüngeren Leute zu Leibe
gehen, Maßnahmen der Zwangswirtschaft, aber nicht der Produktions-
regelung. Getreidezwangsverkäufe zu festgesetzten Preisen wurden
unter Androhung der Konfiskation erstmalig für das ganze Land angeordnet. Indes wollte niemand das Recht des Eigentums als solches
bestreiten. Danton verkündete: Alles muß den Munizipalitäten zur
Verfügung stehen, was der Nation in ihrem Kampfe dienlich ist,
aber unter Schadloshaltung der Eigentümer.

Die Volksmänner und Aktionsgruppen der Kommune verlangten
mit wachsender Leidenschaft auch die systematische Bestrafung aller,
die der Gewalttat gegen das Volk und des Einverständnisses mit dem
Feinde beschuldigt wurden. Die von dem Arzt Guillotin empfohlene
Hinrichtungsmaschine, die „Guillotine", blieb jetzt ständig aufgestellt.

Ein außerordentlicher Gerichtshof ohne Berufungsmöglichkeit wurde eingesetzt, verhängte aber erst wenige Todesurteile. Doch je näher die Gefahr rückte, um so größer wurde der Argwohn gegen Defaitisten, gegen Aristokraten, Priester und Royalisten, die als Verbündete der Feinde, wie man meinte, bei deren Sieg sich auf das Volk stürzen würden. Am 28. August setzte Danton in der Nationalversammlung ein Dekret durch, wonach überall Haussuchungen nach Waffen und Verdächtigen stattfinden sollten. „Die Versammlung", rief er, „muß sich der Nation würdig erweisen", und pries die Verdienste der Kommune, welche schon die Tore hatte schließen und nach Verrätern suchen lassen. Wie man durch eine Konvulsion den Despotismus gestürzt habe, so müßten durch eine große nationale Konvulsion die Despoten zum Rückzug gezwungen werden; das Volk müsse sich in Masse auf seine Feinde stürzen. In Paris wurden 3000 Verdächtige bei den Haussuchungen verhaftet.

Als am 2. September bekannt wurde, daß die Feinde Verdun belagerten und weiter vorrückten, erreichte das patriotische Fieber seinen Höhepunkt. Die Kommune ließ die Sturmglocke läuten, rief alle Bewaffneten zusammen und forderte zum Widerstand gegen die Feinde der Freiheit und des Vaterlandes, zu einem militärisch wohl nicht sehr aussichtsreichen Kampfe vor den Mauern von Paris auf. Die inneren Zwistigkeiten schwiegen unter dem Eindruck einer zündenden Rede von Danton: „Um die Feinde des Vaterlandes zu besiegen, bedarf es Kühnheit, Kühnheit und nochmals Kühnheit, dann wird das Vaterland gerettet." Gerüchte und Plakate reizten die Erregung. Man sprach von einem Komplott der Gefangenen mit den Feinden. Man hörte und las, da die Richter lässig seien, müsse das Volk sich selbst Gerechtigkeit verschaffen. Einzelne Sektionsversammlungen schritten schließlich zur Tat mit dem Beschluß, daß das „Volk" die verhafteten Priester und Verdächtigen töten müsse. Und so geschah es tagelang: Gruppen von Föderierten und Nationalgarden, kleinen Händlern und Handwerkern gingen durch die Pariser Gefängnisse und vollzogen mit primitiven Waffen das Volksurteil an politischen und kriminellen Gefangenen, vor allem an Priestern und Adligen, insgesamt 1100 bis 1400 Opfern.

Dieses Werk der Septembertage war von keiner Behörde angeordnet, wurde aber nachträglich von der Kommune gutgeheißen, von Danton gedeckt und durch die kritische Gesamtlage weithin für gerechtfertigt gehalten. Es diente dazu, jeden Widerstand gegen den republikanischen Patriotismus endgültig auszuschalten, wie Danton kurz zuvor erklärt hatte: der Republikaner sind wenige, man muß die Royalisten in Schrecken setzen. Der Schrecken (terreur), noch unorganisiert und improvisiert, wurde in diesen Wochen der äußeren Krise des Landes zum erstenmal als bewußtes politisches Mittel eingesetzt.

Im Zeichen des Schreckens vollzogen sich vom September ab auch die Wahlen zum Nationalkonvent nach allgemeinem, gleichem, aber indirektem und zumeist nicht geheimem Wahlrecht. Die Gemeinden veranlaßten, wie in Paris, vielfach öffentliche Stimmabgabe und schlossen alle Bürger aus, die sich als Anhänger des Königtums bewiesen hatten. Die Wahlbeteiligung war wesentlich geringer als in den vorhergehenden Jahren. Vorsicht oder Unlust hielt viele zurück. Die Wahlmänner mußten, wie alle Beamten, den Eid leisten, der Freiheit und Gleichheit treu zu sein. Alles vollzog sich unter dem patriotischen Impuls der Klubs und der demokratischen Aktionsgruppen. „Die Deputierten des Konvents wurden durch eine entschlossene Minderheit gewählt" (Mathiez). Sie gehörten durchweg der demokratisch-republikanischen Richtung an, die jetzt die Klubs beherrschte, und entstammten wieder meist dem gebildeten Bürgertum; nur zwei Handarbeiter hat man unter ihnen gezählt.

Als Nationalversammlung mit verfassunggebender Vollmacht trat der Konvent am 20. September zum erstenmal zusammen. Am nächsten Tage, in seiner ersten öffentlichen Sitzung, erklärte er einstimmig das Königtum für abgeschafft, unter stürmischer Begeisterung und Rufen von Bänken und Tribünen: „Es lebe die Freiheit und Gleichheit." Am 22. September folgte der Beschluß, von nun an das Jahr I der französischen Republik zu rechnen, wie es die Pariser Kommune schon vorher getan hatte. Dieser mehr geschäftsmäßige Beschluß, in dem zum erstenmal verbindlich das Wort Republik vorkam, wurde drei Tage später ergänzt durch das Dekret: „Die französische Republik ist einheitlich und unteilbar." Frankreich war damit zur demokratischen Republik nicht auf föderativer, sondern auf einheitsstaatlicher Basis erklärt, wie es der vorangegangenen tatsächlichen Entwicklung und der Logik des entschiedenen französischen Demokratismus entsprach. Der Nationalkonvent war und blieb Träger des allgemeinen Willens und setzte diesen Anspruch auch sogleich gegenüber der Pariser Gemeindevertretung durch; diese wurde durch Neuwahlen umgebildet und konnte die neue Nationalversammlung zwar noch antreiben und bedrängen, aber nicht mehr beherrschen. Einheitlich und gesetzlich sollte der allgemeine Wille, die höchste Instanz der Demokratie, fortan gebildet werden. Aber der Konvent unterwarf sich selbst grundsätzlich dem Volksentscheid für die wichtigsten Fragen, vor allem für die Verfassung, die er als Träger der Volkssouveränität neu festzustellen hatte. Einer seiner ersten Beschlüsse war: „Es gibt keine andere Verfassung als die vom Volk genehmigte" (21. Sept.).

Die ausführende Gewalt blieb beim Vollzugsrat der Minister. Aber er wurde mehr und mehr der fortlaufenden und unmittelbaren Leitung durch den Konvent und die von ihm eingesetzten Ausschüsse und Kommissare unterworfen. Man hatte sich aus der monarchischen Zeit gewöhnt, die Minister nur als Vollzugsbeamte anzusehen; schließlich wurden sie im April 1794 durch einfache Vollzugskommissionen des Konvents ersetzt. Die Minister durften weiterhin nicht der Versammlung angehören. Danton schied als Minister aus, um Abgeordneter zu sein; Roland, der es ebenso machen wollte, blieb auf dringendes Ersuchen seiner Freunde und durch einen Versammlungsbeschluß Minister.

Der neue Nationalkonvent war einig in dem unbedingten Willen, das demokratische Vaterland zu verteidigen und die Monarchie und ihre Anhänger, die als Verbündete der äußeren Feinde erschienen, auszuschalten. Rüstungen zu Lande und zu Wasser wurden fortgesetzt, die Freiwilligen allmählich besser ausgestattet und die Lücken der Linientruppen mit ihnen ausgefüllt.

Durch ein eigenartiges Zusammentreffen trat gerade am Tage der ersten Konventssitzung die feindliche Invasionsarmee unter dem Herzog von Braunschweig den Rückzug an. Es war wie ein Wunder: Ohne viel Widerstand war sie bis weit in die Champagne vorgedrungen; mehr aus Unlust und politischer Uneinigkeit als aus militärischem Zwang machte sie nach der vergeblichen Kanonade und einem schwächlichen Sturmversuch auf die französische Stellung bei Valmy kehrt und zog sich für den Winter zurück. Die einhellige Ablehnung, welche die fremden Truppen bei der französischen Bevölkerung fanden, war dabei nicht ohne Wirkung geblieben. Dieser unerwartete Rückzug der berühmten preußischen Soldaten und ihrer Verbündeten vor der halbaufgelösten französischen Armee gab dem Selbstvertrauen der jungen Republik gewaltigen Auftrieb. Und während die monarchisch-aristokratischen Regierungen, die Frankreich bekämpften, ganz mit der Sorge um künftige Landgewinne und mit gegenseitigem Mißtrauen beschäftigt waren, gelangen den republikanischen Streitkräften, schon unter größerem Anteil von Freiwilligen-Formationen, noch Ende 1792 erhebliche Vorstöße über das alte französische Gebiet hinaus. Unter der Losung „Krieg den Palästen, Friede den Hütten" drang der General Custine in das Gebiet der machtlosen deutschen Kleinstaaten am Ober- und Mittelrhein ein; Savoyen und Nizza wurden besetzt, die österreichischen Niederlande (Belgien) wurden nach einem ersten regelrechten Schlachterfolg (bei Jemappes, 6. November

1792) erobert. Die hochfliegenden Hoffnungen der Girondisten auf den revolutionären Propagandakrieg schienen sich schon zu erfüllen. Mit Anordnungen gegen Fürsten und Feudalherren, mit Geld und Versprechungen und einem Netz von revolutionären Agenten suchte die Republik die Bewohner überall zu gewinnen. Der Konvent erklärte im Namen der französischen Nation, allen Völkern, die ihre Freiheit erlangen wollten, Brüderschaft und Hilfe zu gewähren; die französischen Generale sollten sogleich Zehnten und Feudalrechte unterdrücken und neue Verwaltungen bilden, von denen Feinde der Republik auszuschließen seien.

Aber zugleich wurde klar, daß das republikanische Frankreich mit verstärkter Gegnerschaft der mächtigsten monarchischen Gewalten in Europa zu rechnen haben würde. Eine Weltrepublik, wie manche sie erträumten, lag noch in weiter Ferne; eine festere politische Organisation der besetzten und revolutionierten Gebiete wurde notwendig. Unter der Einwirkung belgischer, rheinländischer, savoyischer Revolutionsfreunde, die in Paris lebten, gewann im Konvent der Gedanke die Oberhand, diese Länder dem Staatsgebiet der Republik einzugliedern, gegen starke anfängliche Bedenken, die am schärfsten wieder von Robespierre, dem unerbittlichen demokratischen Gegner der außenpolitischen Illusionen, ausgesprochen wurden. Das Ziel der „natürlichen Grenzen" Frankreichs (Rhein, Alpen, Pyrenäen), das den französischen Königen oft vorgeschwebt hatte, von ihnen aber nur stückweise in die Wirklichkeit umgesetzt war, wurde von der französischen Republik in einem neuen Sinne aufgegriffen. Wie das innerhalb Frankreichs gelegene päpstliche Avignon schon 1791 auf Grund des Wunsches seiner Bevölkerung staatlich eingegliedert war, so sollten Savoyen, Belgien und die Rheinlande nun in die französische Nation und in die einheitliche französische Republik aufgenommen werden auf Grund von Willenskundgebungen revolutionärer Körperschaften, die dort mit Hilfe intellektueller Klubs, meist unter geringer Wahlbeteiligung, durch die französischen Generale gebildet wurden.

Die Politik der natürlichen Grenzen erschien fast als notwendige Folge eines neuen politischen Prinzips der durch freie Willenszustimmung entstehenden einheitlichen Nation, die ihre Selbständigkeit gegen mächtige Feinde behaupten mußte. Diese Politik war in den nächsten Jahren noch manchen Schwankungen unterworfen, infolge militärischer Rückschläge und der Erkenntnis, daß man doch nicht auf das volle Einverständnis der fremden Bevölkerungen rechnen konnte. Aber die Republik konnte sich nie mehr ganz von ihr lösen und hat dadurch ihre Stellung gegenüber dem übrigen Europa zwar materiell gestärkt, aber politisch erheblich belastet.

Der Kampf gegen die inneren Feinde der Republik konnte nicht vorübergehen an dem gestürzten König Ludwig XVI. Alle aktiven Teilnehmer des Aufstandes vom 10. August forderten Gericht über ihn, das nur auf Verurteilung hinauslaufen konnte. Manche wünschten seinen Tod zu vermeiden, um nicht die außenpolitischen Schwierigkeiten zu vermehren, und wollten den Prozeß hinausschieben oder erschweren. Der Prozeß wurde aber unvermeidlich, als aus einem Geheimfach der Tuilerien der Briefwechsel des Monarchen mit konstitutionellen Politikern über allerhand antirevolutionäre Auslandspläne ans Licht gezogen wurde.

Ludwig XVI. wurde vor den Konvent zitiert; nur dieser als Träger der höchsten Souveränität der Nation erschien als berechtigt, den nach der Verfassung von 1791 unverletzlichen Monarchen zu belangen. Der König wurde vom Konvent einstimmig schuldig gesprochen des Verbrechens an der Nation und der Verbindung mit dem Feinde. Aber über die Bestrafung gingen die Meinungen auseinander; viele fürchteten die schädlichen Wirkungen eines Todesurteils in Frankreich und in Europa. Robespierre und seine Anhänger sprachen radikal aus, daß dieses Urteil nicht ein Gerichtsurteil, sondern ein politischer Akt sei: Einen Feind des Volkes gelte es zu beseitigen; einen entthronten König am Leben zu erhalten, heiße die errungene Freiheit dauernd in Frage stellen. Die Todesstrafe wurde vorbehaltlos mit geringer Mehrheit beschlossen. Aber es zeigte sich, daß viele Abgeordnete sie nur aufschieben oder die Verantwortung von sich abwälzen wollten. Am 21. Januar 1793 wurde Ludwig XVI. guillotiniert.

Die Hinrichtung eines Königs machte im damaligen Europa weit tieferen Eindruck, als wir uns heute vorstellen mögen. In Frankreich brachte sie den Schimmer der Unverletzlichkeit zum Verschwinden, der bis dahin das Königtum immer noch für das einfachste Empfinden umgeben hatte. Der Königsgedanke erschien hier seitdem fast nur noch als Anhängsel aristokratischer oder klerikaler Strömungen oder als Deckmantel bourgeoiser Klassenbestrebungen. Ein Gesetz vom 4. Dezember 1792, das den Ausdruck königstreuer Gesinnungen mit dem Tode bedrohte, brauchte nur in wenigen Fällen angewandt zu werden.

Brachte somit das Ereignis im Innern tatsächlich eine gewisse Entlastung für die Republik, so bedeutete es außenpolitisch eine neue Erschwerung ihrer Lage. Der „Königsmord", wie die Gegner es nannten, verschärfte die revolutionsfeindliche Haltung der Emigranten und machte bei ihnen die völlige Wiederherstellung des alten feudalistischen Absolutismus zur fast einhelligen Kampfparole. Die Revolution verlor auch die Zuneigung vieler ausländischer Reformfreunde, die eine ruhigere Entwicklung wünschten. Die Zahl der feindlichen Staaten vermehrte sich; auch England, Holland und Spanien traten in den Krieg mit der Republik, und ein Ausgleich mit den monarchischen Regierungen wurde einstweilen unmöglich.

DER SIEG DER BERGPARTEI

Die französischen Eroberungen des Spätjahres 1792 gingen im Frühling 1793 in wenigen Wochen wieder verloren. Sie waren weniger durch überlegene Kräfte gewonnen worden, als dadurch, daß die schwächliche und bedächtige Zurückhaltung der feindlichen Mächte rasch ausgenutzt worden war. Die französischen Heerhaufen waren ausdauernder Kriegführung noch nicht gewachsen. Ihre der alten Armee entstammenden Generale verwickelten sich in eigenmächtige Intriguen. Als die Gegner wieder methodisch vorrückten, mußten Belgien, die Rheinlande und sogar Gebiete nördlich der Pyrenäen, wo die Spanier angriffen, geräumt werden. Der General Dumouriez, der sich in seinen Hoffnungen auf selbständiges Schalten enttäuscht sah, entwich zu den Österreichern. Nur durch entschlossene Konventskommissare und patriotische Unterführer wurde sein Versuch vereitelt, Anfang April 1793 die ihm anvertraute Armee im Bunde mit den Österreichern für die Einführung einer neuen konstitutionell-parlamentarischen Monarchie in Paris einzusetzen.

Die ganzen sozialen und politischen Errungenschaften der Revolution schienen aufs neue gefährdet. Zu den äußeren Gefahren kamen innere. In den Städten herrschte wachsende wirtschaftliche Not. Handel und gewerbliche Produktion lagen infolge des Krieges danieder, der Kurs der Assignaten fiel; die Preise, besonders die Brotpreise, stiegen, während die Löhne niedrig blieben. Das Getreide wurde zurückgehalten und gehortet, Departements begannen sich sogar durch Ausfuhrverhinderung gegeneinander abzuschließen und die gerade hergestellte Wirtschaftseinheit hinfällig zu machen. In Paris erhob sich im Winter 1792/93 die vielbeachtete Agitation einer Gruppe von volkstümlichen Sozialpolitikern, der „Rasenden" (enragés). Sie forderten eine ausgedehnte Zwangswirtschaftspolitik, die Einführung von Höchstpreisen, Zwangskurs für die Assignaten, Gesetz gegen die Warenhortung mit einem Sondergericht, ja sogar eine staatliche Getreideregie — Maßnahmen, die dem herrschenden wirtschaftlichen Individualismus durchaus widersprachen.

Auch die Rekrutierung machte Schwierigkeiten. Viele Freiwillige begannen den Heeresdienst als Last zu empfinden und sich ihm zu entziehen. In einigen Gegenden wurden Zwangsmaßnahmen angewandt, die aber zunächst oft zu einseitiger Handhabung führten. Aus dem Zorn über die Rekrutierung gegen die von Paris unterstützten Beamten und konstitutionellen Priester entstanden seit dem Frühjahr 1792 Unruhen in Dörfern der Vendée, die sich bald über ganze Landschaften des westlichen Frankreich ausdehnten. Der Aufstand erfaßte vor allem Bauern in abgelegenen und unwegsamen Gebieten, die ihre Heimat nicht verlassen wollten und fanatisch an der katholischen Religion und den alten Priestern festhielten. Priester und stellenlos gewordene kleine Amtsträger des alten Staates wurden ihre Führer. Dann nahmen sich auch ländliche Adlige der Bewegung an und führten sie ins royalistische Fahrwasser, das den Bauern meistens schon ebenso fern lag, wie den Aristokraten von 1789 die kirchliche Gesinnung gewesen war. Klerikalismus und Royalismus verbanden sich zu einem Kreuzzug für Gott und den König gegen die zentralistische Republik.

Der Konvent war sogleich einig, daß diese Aufstandsbewegung niedergeschlagen werden müsse als Angriff auf den Bestand der Republik, die in der Vendée im Rücken erdolcht zu werden drohte, während das Ausland und die Emigranten sie an der Front angriffen. Aber den Aufständen war nicht leicht beizukommen. Alle verfügbaren Truppen wurden an der Front benötigt. Die bewaffneten Bauern waren Meister des Kleinkriegs und kämpften grausam und erbittert. Andererseits lag ihnen der weiträumige Zusammenschluß fern, der gerade ein Kennzeichen des neuen nationalen Frankreich war. Die Verbindung von Fremdenhaß und Treue zu den alten Gewalten fand in Frankreich im ganzen jetzt doch weniger Anklang als später noch in anderen Ländern. In den meisten und gerade in den wirtschaftlich entwickelten Landesteilen hatte die Masse der Landsleute nichts einzuwenden gegen die Republik, solange diese ihnen ihr Eigentum sicherte und noch zu vermehren versprach. Als im Mai 1793 reguläre Armeen gegen die aufständischen Bauernhaufen entsandt werden konnten, wurde der Aufruhr in vielen Landesteilen einzeln überwältigt. Aber im Kerngebiet des Aufstandes, an der Loire, hielten sich größere Bauernheere bis ins Spätjahr 1793, und auch als ihre Kraft im Dezember vorläufig gebrochen wurde, flammte hier noch jahrelang immer wieder die klerikale Aufstandsbewegung, die „Chouannerie", gegen die Republik auf.

So einheitlich der Nationalkonvent zunächst auch für die Sache der demokratischen Republik eintrat, so waren doch in ihm von

vornherein zwei entgegengesetzte Strömungen zu erkennen: Die
Girondisten, die schon in der Legislative 1791/92 die Politik der
Linken geleitet hatten, und die „Montagnards", die Männer der
„Bergpartei", die nach dem Sturz des Königtums die rauhere und
radikalere Politik der revolutionären Kommune gegenüber der Mehr-
heit der Versammlung unterstützt hatten, rangen um den maßgeben-
den Einfluß und fanden unter einer großen Zahl von unentschiedenen
Abgeordneten von Fall zu Fall ihre Anhänger.

Die Girondisten verfügten zuerst über eine erhebliche Mehrheit.
Sie galten in den Klubs und bei den Abgeordneten der Provinzen
außerhalb von Paris vorzugsweise als die berufenen Führer des republikanischen Patriotismus. Sie entstammten selbst dem gebildeten
und besitzenden Bürgertum, vorzugsweise dem Handel und den ge-
lehrten Berufen. Von den Theorien der Aufklärung und der Demokratie durchdrungen, hofften sie damit auch für sich neue Zukunfts-
möglichkeiten zu gewinnen und hatten ein etwas theoretisches Ver-
hältnis zur Gesamtheit des Volkes. Sie waren und blieben Individualisten, reich an Talenten und phantasievollen Ideen, feinorgani-
sierte Kandidaten für Minister- und höhere Verwaltungsposten. Ihr
engerer Kreis sammelte sich um eine Frau, die rührige, anspornende
und begeisterungsfähige junge Gattin des Ministers Roland, in deren
Salon sie regelmäßig zu vertrauten Besprechungen zusammenkamen.
Sie hatten eine instinktive Abneigung gegen die Schreckensmänner des
September und gegen eine auf Aktionen der kleinen Leute gestützte
Politik, deren sie sich doch zeitweilig selbst bedient hatten.

In der Stadt Paris aber blieb die derbere, auf unmittelbare Volks-
aktion drängende Richtung der Demokratie herrschend, die dort im
August und September 1792 hervorgetreten war. Die Pariser Konventsabgeordneten, unter ihnen Danton, Robespierre und Marat,
waren der Kern der Bergpartei im Konvent. Auch sie waren dem
Ursprung nach bürgerliche Intellektuelle, aber sie hatten engere Füh-
lung mit den Pariser Kleinbürgern und Proletariern, verstanden ihre
Not und ihr handfestes Gleichheitsbedürfnis; sie wollten mit ihnen
eine demokratisch-republikanische Ordnung unbedingt, auch auf
Kosten der persönlichen Freiheit durchsetzen und gegenüber dem
Lande zur Geltung bringen. Diese Richtung hatte ihre Stütze auch
weiterhin in der Pariser Kommunalvertretung und den demokratischen
Aktivisten der hauptstädtischen Sektionsversammlungen, aus denen
sie hervorgegangen war und die sich wie bisher berufen fühlten,
die zentralen republikanischen Gewalten in Paris zu kontrollieren
und voranzutreiben.

Bergpartei und Kommune waren Zentralisten: Sie wollten den

unter dem Einfluß der Pariser gebildeten Willen des Konvents und seiner zentralen Organe gegenüber dem ganzen Lande gebieterisch durchsetzen. Die Girondisten, deren engere Anhänger vielfach die Verwaltung der Departements in den Händen hatten, wünschten demgegenüber eine aufgelockertere, dezentralisierte Verwaltung, wie die Verfassung von 1791 sie geschaffen hatte. Sie beschuldigten ihre Pariser Gegner der Diktaturgelüste und der Mordpropaganda, sie näherten sich im Gegensatz zu ihnen nun wieder den großbürgerlichen Kreisen, die durch die Ereignisse vom 10. August politisch ausgeschaltet waren, den Wohlhabenden und Aristokraten, die damals aus Paris geflüchtet waren und jetzt im Vertrauen auf die durch den Konvent gewährleistete gesetzliche Ordnung schon zurückkehrten; selbst geheime Königsfreunde setzten jetzt ihre Hoffnung auf die Girondisten.

Dem rednerischen Geschick Dantons und der logischen Unerbittlichkeit Robespierres gelang es bereits im Herbst 1792, den Girondisten die dauernde Mehrheit im Konvent zu entreißen, indem sich eine starke mittlere Gruppe von republikanischen Abgeordneten bildete, die ihrem Ehrgeiz mißtrauten. Im Jakobinerklub wurden sie so in die Minderheit gedrängt, daß sie ihn verließen; er wurde auch in der sozialen Zusammensetzung kleinbürgerlicher und zur alleinigen Domäne der Bergpartei. Jakobiner und Montagnards wurde seitdem fast gleichbedeutend, und man hat später die Bergpartei vielfach schlechthin als Partei der Jakobiner bezeichnet, und da der Pariser Jakobinerklub dabei das Zentrum der Kluborganisation im Lande blieb, konnte er nun die Stellung der Girondisten auch dort wesentlich schwächen. Nur in einigen größeren Provinzstädten behielten diese die Klubs in der Hand. Der Pariser Zentralismus war den Provinzen schon weitgehend zur Gewohnheit geworden.

Die militärischen Rückschläge trugen wesentlich dazu bei, die Stellung der Girondisten, die noch immer die meisten Ministerposten innehatten, politisch zu erschüttern. Als Urheber des weitschweifenden Propagandakrieges und der Politik der natürlichen Grenzen hatten sie auch die Verantwortung dafür zu tragen, daß man ohne genügende militärische und politische Vorbereitung vorgegangen war; auch der Verrat des Generals Dumouriez wurde ihnen zugeschrieben. Die Männer der Bergpartei waren der Außenpolitik ursprünglich fremder, ganz auf innere Demokratisierung bedacht, und deshalb zuerst zurückhaltender; aber sie fochten den einmal begonnenen Kampf mit den „Tyrannen" härter und doktrinärer durch bis zur letzten Konsequenz und unter Aufbietung aller Mittel.

Als entschiedene Individualisten vertraten die Girondisten die

Heiligkeit des Privateigentums und wollten alle staatlichen Eingriffe in die Wirtschaft vermeiden. Die Neureichen, glückliche Käufer großer Nationalgüter und gutverdienende Kriegslieferanten schlossen sich ihnen vorzugsweise an; aber auch Träger des alten Besitzes hofften mehr und mehr auf sie. Ihre Pariser Gegner wurden oft als „Anarchisten" und Feinde des Privateigentums hingestellt, im ganzen mit Unrecht. Es gab in Kommune und Bergpartei einzelne theoretische Kommunisten, die ein „Agrargesetz", eine rechtliche Vergemeinschaftung von Grund und Boden verlangten, aber sie blieben Einzelgänger. Die Führer der Bergpartei im Konvent hatten mit der großen Mehrheit die Person und das Eigentum im Sinne der Menschenrechte von 1789 unter den Schutz der Nation gestellt. Dagegen waren sie eher geneigt, der wachsenden wirtschaftlichen Not Rechnung zu tragen durch wirtschaftliche Zwangsmaßnahmen, Eingriffe in das Vermögen der Reichen, Besteuerungen und Konfiskationen gegen die Feinde der Republik. Sie setzten im April 1793 einen Zwangskurs für Assignaten und Höchstpreise für Getreide, einige der Forderungen der Enragés, im Konvent durch. Durch eine Politik des wirtschaftlichen Gehenlassens, wie die Girondisten sie betrieben, war in der Tat der Not der Masse nicht mehr beizukommen; sie erschien geradezu als ihre Ursache und als bürgerliche Klassenpolitik. Die Bergpartei wurde daher wirtschaftlich zur Hoffnung der notleidenden Menge in den Städten.

Im Frühjahr 1793 spitzte sich der Gegensatz zwischen den Girondisten und der Bergpartei zu einem entscheidenden Kampf um die Macht zu. Die erfolglose girondistische Außen- und Wirtschaftspolitik forderte die Kritik ihrer Gegner heraus. Man bekämpfte sich mit Vorwürfen der Begünstigung des Königtums und der Verräter einerseits, des Anarchismus und der Gewalttätigkeit andererseits. Der eigentliche Kampfgegenstand aber wurde die Vorherrschaft, welche die demokratischen Aktionsgruppen der Hauptstadt, organisiert in Sektionsversammlungen, Kommunalverwaltungen und Jakobinerklub, mit Hilfe der Bergpartei und einer zentralistischen Konventspolitik über Frankreich auszuüben beanspruchten. Die Girondisten versuchten zunächst die Pariser Sektionsversammlungen in die Hand der besitzenden Bürger zu bringen, wie es gleichzeitig in einigen Provinzstädten gelang; mit Hilfe der Kommunalverwaltung und ihrer Überwachungs- und Sicherheitsorgane vermochte aber die Bergpartei die Herrschaft der radikalisierten Kleinbürger und Proletarier in den hauptstädtischen Organisationen noch durch regelmäßige Bezahlung zu befestigen. Im Mai schickten die Girondisten sich schließlich an, bewaffnete Kräfte aus den Departements heranzuholen, die Pariser Stadtverwaltung abzusetzen und die Bergpartei aus dem Sattel zu heben. Aber der Plan war mehr ein Wunschbild als ein Aktionsprogramm. Als sie im Konvent eine Untersuchung gegen die Kommune und die Verhaftung einiger radikaler Wortführer bewirkt hatten, antworteten die Pariser Aktionsgruppen mit einem bewaffneten Aufstand gegen die der Hauptstadt feindlichen Girondisten. Robespierre, der bisher den Konvent als Nationalvertretung unbedingt hochgehalten hatte, forderte jetzt die Insurrektion gegen ihn, weil das Volk unterdrückt werde.

In den Tagen vom 31. Mai bis 2. Juni fand dieser Aufstand statt nach dem Vorbild des 10. August 1792, aber planmäßiger dank der inzwischen erfolgten Organisation und Bezahlung der bewaffneten Sansculotten. Der Konvent wurde unter dem Läuten der Sturmglocken von Volk und Nationalgarden umstellt und mit Petitionen bestürmt; man forderte Auslieferung der führenden Girondisten, Reinigung der Verwaltung, eine zentrale, d. h. parisische Revolutionsarmee auf Kosten der Reichen, dazu Höchstpreise für Brot, Hilfe für Alte und Schwache — eine Mischung von politischen und wirtschaftlichen Revolutionsmaßnahmen. Zuerst konnte der Konvent noch durch einzelne Zugeständnisse Aufschub erlangen. Aber schlechte Nachrichten von der Front und aus der Vendée trieben die Aufständischen in ihrem Vorhaben vorwärts. Am 2. Juni waren unter Führung Hanriots, des neuernannten jakobinischen Führers der Nationalgarde, 80 000 Bewaffnete mit Kanonen um die Tuilerien versammelt, wo der Konvent tagte, und umstellten den Sitzungssaal. Die Abgeordneten versuchten vergeblich auszubrechen, fügten sich schließlich und beschlossen die Verhaftung von 29 girondistischen Abgeordneten.

Die als revolutionäre Behörde erneut bestätigte Stadtverwaltung vermochte nun eine weitere Politik der Einschüchterung zu betreiben und die allmähliche Reinigung des Konvents von allen der Bergpartei feindlichen Elementen zu erzwingen. Die Girondisten verschwanden auch aus den Ministerien und Konventausschüssen. Der Konvent, die republikanische Volksvertretung, blieb Träger der Regierung; aber er wurde zum Instrument der Pariser Radikalen, ihrer kleinbürgerlich-proletarischen Klassenpolitik und ihres einheitsstaatlichen Zentralismus. Er wurde damit zugleich das Organ verschärfter Kraftanstrengungen des republikanischen Patriotismus.

Der Aufstand vom 2. Juni 1793 hatte den Sieg der Bergpartei in Paris entschieden, aber noch keineswegs für Frankreich gültige, vollendete Tatsachen geschaffen. Eine neue Aufstandsbewegung in den Provinzen wurde ausgelöst durch den Sturz der Girondisten in Paris und angefacht durch deren Abgeordnete, um mit ihrer Hilfe die Bergpartei zu stürzen. Nationalgarden der Provinzstädte und der

Departements sollten auf Paris marschieren und die Republik auf den demokratischen Organisationen des ganzen Frankreich, nicht nur der Hauptstadt Paris, begründen. Die Departements sollten zwar nicht selbständige Bundesrepubliken werden wie in der amerikanischen Union, aber doch Zellen der demokratischen Willensbildung bleiben und nicht völlig als Verwaltungseinheiten in der Einheitsrepublik aufgehen. In diesem Sinne wurde die Bewegung als „föderalistisch" bezeichnet.

Der girondistische Föderalismus erhob sich im Sommer 1793 zunächst siegreich in etwa der Hälfte der Departements. Große Teile des Bürgertums ergriffen die Sache der Girondisten, um sich und ihre Klasse zu schützen. Die Ideen des großbürgerlichen Verfassungsstaates von 1789 und 1790, welche die Girondisten längst hinter sich gelassen hatten, wurden nun noch einmal von ihren Anhängern verfochten; ja ausgesprochene Royalisten schlossen sich an und scheuten sich dabei nicht, die Verbindung mit dem feindlichen, monarchischen Ausland aufzunehmen. In Lyon und Marseille verbanden sich die republikanischen Girondisten mit großbürgerlichen und aristokratischen Königsanhängern und errichteten ein Terrorregiment gegen die Anhänger der Bergpartei. Im Westen vermied man das Bündnis mit den Royalisten und hielt sich auch abgesondert von den klerikalen Bauernaufständen der Vendée. In Bordeaux erhob sich das handeltreibende Bürgertum für die föderalistische Republik mit dem Ziel, einen neuen Nationalkonvent nach Bourges gegen den Pariser, von der Bergpartei beherrschten Konvent zu berufen. Im Nordwesten hatte die Erhebung einen Mittelpunkt in Nantes, war aber von den übrigen Aufstandsherden durch das Vendéegebiet getrennt.

Der ganzen Bewegung fehlte es an Einheit und zentralem Zusammenhalt. Man war an die Lenkung von Paris aus gewöhnt, und gerade die mehr kleinstädtisch-ländlichen Departements machten vielfach nicht mit, sondern wurden durch Pariser Konventskommissare bei der Sache der Bergpartei festgehalten. So konnten die großen Aufstandsherde von Paris aus allmählich isoliert werden. Im Westen brachen sie bald zusammen, weil die bewaffneten Kräfte der Aufständischen zu schwach blieben. Weit schwieriger wurde die Lage für die Pariser Regierung im Süden, wo bereits eine starke gemeinsame Armee der Föderierten im Entstehen war. Langsam drang eine kleine Truppe, die der Konvent von der Alpenarmee abzog, im Rhonetal vor, gewann mit Hilfe der Volksvereine die kleineren Orte und nahm schließlich am 25. Juli Marseille, wo gerade die Monarchisten die Stadt schon an die feindlichen Engländer ausliefern wollten. Gegen Lyon mußte erst eine größere Armee zusammengezogen und eine regelrechte Belagerung begonnen werden, bis das Konventsheer am 9. Oktober einziehen konnte. Noch schwerer war es, mit dem Aufstand in dem Kriegshafen Toulon fertigzuwerden. Eine von Monarchisten beherrschte Stadtvertretung erklärte hier den gefangenen Sohn des hingerichteten Monarchen als Ludwig XVII. zum König und lieferte die Stadt den englischen und spanischen Admiralen aus, die im Mittelmeer den Krieg gegen die französische Republik führten. Toulon wurde erst nach langer Belagerung durch die republikanischen Streitkräfte am 19. Dezember erobert.

Die Pariser Konventsmehrheit, jetzt eindeutig bergparteilich und zentralistisch, erließ furchtbare Strafdekrete gegen die aufrührerischen Städte und sicherte durch Terrormaßnahmen, mit Hilfe von Klubs und bewaffneten Kräften, die Herrschaft einer Paris ergebenen Jakobinerpartei auch in den provinzialen Stadtverwaltungen. In der Hauptstadt wurden neue regellose Racheakte dadurch vermieden, daß die Konventsmehrheit selbst mit der revolutionären Regierung, die von ihr gebildet wurde, den Terror formell in die Hand nahm. Die girondistischen Abgeordneten, insgesamt etwa 160, wurden teils zu Vaterlandsverrätern erklärt, teils vor den im März 1793 neuerrichteten außerordentlichen Gerichtshof, das „Revolutionstribunal", gestellt, teils einfach verhaftet. 21 führende Girondisten wurden nach einem Gerichtsverfahren, das nach einigen Tagen auf Antrag des Jakobinerklubs abgekürzt wurde, am 30. Oktober wegen „Verschwörung gegen die Einheit und Unteilbarkeit der Republik, gegen die Wohlfahrt und Sicherheit des französischen Volkes" zum Tode verurteilt und am folgenden Tage guillotiniert. Andere wurden später, teils in Paris, teils in Provinzstädten hingerichtet; manche endeten auch durch Mord oder Selbstmord. Auch die girondistische Presse wurde jetzt überall unterdrückt. Nach der Überwindung der föderalistischen Aufstände hatte nicht nur in Paris, sondern in ganz Frankreich nur noch der von der Bergpartei vertretene radikale Republikanismus das Wort, gestützt auf die Klubs und die politisch aktiven Volksvereine und Urwählerversammlungen. Als Zeichen republikanischer Brüderlichkeit verbreiteten sich Trachten und Sitten der siegreichen Sansculotten. Man redete sich als „Bürger" (citoyen) statt als „Herr", mit „Du" statt mit „Sie" an, trug die rote Mütze, die Karmagnole (einen kurzen Überrock) und das Haar ohne Frisur. Allerdings behielten die Männer des Konvents und des Wohlfahrtsausschusses zumeist noch die Perücke und die alte sorgfältige Kleidung bei.

Die dreifache Gefahr, die im Sommer 1793 von den äußeren Feinden, dem Aufruhr in der Vendée und den föderierten Aufständen

drohte, brachte in Paris eine Regierung hervor, die durch äußerste
Kraftanstrengung und Konsequenz dieser Gefahren Herr wurde: die
Revolutionsregierung, die zentralistische, bergparteiliche Diktatur mit
Hilfe der organisierten Schreckensherrschaft.

DIE REVOLUTIONÄRE DIKTATUR

Die siegreiche Bergpartei beabsichtigte von vornherein keineswegs
die Diktatur einer Minderheitsgruppe als Dauerzustand einzuführen.
Gerade nach der Ausschaltung der Girondisten hat sie im Juni 1793
die republikanische Verfassung vollendet, deren Herstellung die
eigentliche Aufgabe des Nationalkonvents war. Diese „Verfassung
von 1793", die konsequenteste demokratisch-republikanische Verfassung, welche die Revolution hervorgebracht hat, trug noch immer
dem Mißtrauen gegen übermäßige Konzentration der Regierungsgewalt Rechnung. Nachdem das Königtum als selbständige Größe
neben der Volksvertretung weggefallen war, behielt die Verfassung
doch, ebenso wie die' der nordamerikanischen Union, den Grundsatz
der Gewaltenteilung bei. Die Girondisten hatten mit Hilfe dieses
Grundsatzes das ihnen anhängende Land gegenüber der Hauptstadt
zu Einfluß bringen wollen. Nach dem von ihnen unterstützten Entwurf Condorcets sollte der regierende Vollzugsrat der Minister unmittelbar vom Volke gewählt werden und, wie der amerikanische
Präsident, unabhängig neben der gesetzgebenden Versammlung stehen.
Die Männer der Bergpartei waren gegen eine so scharfe Trennung,
von der sie eine Stärkung des Besitzbürgertums gegen den Pariser
Radikalismus befürchteten, und ordneten das Ministerium schärfer
der gesetzgebenden Versammlung unter; es sollte nach der Verfassung
von der gesetzgebenden Körperschaft gewählt und halbjährlich zur
Hälfte erneuert werden auf Grund von Vorschlagslisten aus sämt-
lichen Departements. Die gesetzgebende Versammlung und die kom-
munalen Körperschaften sollten regelmäßig erneuert werden auf
Grund eines allgemeinen und direkten Wahlrechtes, das jetzt auch
auf die Dienstboten ausgedehnt wurde; nur daß es geheim sein müsse,
wurde nicht vorgeschrieben. Zweifellos wollte man eine einheitliche
politische Willensbildung und die Befehlsgewalt der Zentrale auch
für die Dauer durch praktische Maßnahmen sichern, die über den
Wortlaut der Verfassung hinausgingen, aber doch in Formen, die
eine persönliche Diktatur ausschlossen.
Die Verfassung von 1793 hatte eine Erklärung der Rechte, die

viel schärfer als die von 1789 die Gleichheit betonte und auch soziale Gedanken enthielt. Der Widerstand gegen volksfeindliche Regierungen wurde nicht nur zum Recht, sondern zur Pflicht erklärt, der Beitrag zu den öffentlichen Lasten zur heiligen Pflicht; jedermann sollte ein Recht auf Arbeit haben, und das allgemeine Glück wurde als Staatszweck bezeichnet. Mehr als bisher wurden alle einzelnen dem allgemeinen Willen untergeordnet, der in der demokratisch-republikanischen Staatsgewalt zum Ausdruck kam. Der Volksentscheid wurde für alle grundlegenden Gesetze, auch für Kriegserklärungen, vorgesehen. Auch die vom Konvent zu Beginn beschlossene Volksabstimmung über die Verfassung wurde durchgeführt. Sie hatte allerdings, mitten in den föderalistischen Wirren im Juni 1793 vollzogen, kein eindeutiges Ergebnis. Nur etwa ein Drittel der Wahlberechtigten stimmte ab; ihre Jastimmen bedeuteten wohl zumeist eine Kundgebung für den republikanischen Patriotismus, entsprangen aber vielfach auch dem Wunsch, durch eine verfassungsmäßige Staatsführung eine Fortdauer des zusammengeschrumpften Konvents und eine einseitige Diktatur der Bergpartei zu vermeiden. Manche Wähler verlangten ausdrücklich Abänderungen im Sinne des girondistischen Föderalismus.

Die Verfassung von 1793 ist jedoch niemals in Kraft gesetzt worden. Angesichts der fortgesetzten äußeren und inneren Bedrohung der Republik setzte sich der Standpunkt durch, daß die Verfassung einstweilen nicht durchgeführt werden könne. Vertreter der Urversammlungen aus dem ganzen Lande, die mit den Abstimmungsergebnissen zur Feier des 10. August nach Paris berufen waren, beförderten diesen Entschluß unter dem Einfluß des Jakobinerklubs und der Bergpartei, unter dem sie „verpariserten" und alle föderalistischen Bedenken fahren ließen. Der Konvent machte nicht einer neugewählten Volksvertretung Platz, sondern blieb in seiner schon verringerten Gestalt beisammen und beschloß am 10. Oktober 1793: „Die vorläufige Regierung Frankreichs ist bis zum Frieden revolutionär." Man meinte damit eine vorläufige, in Bewegung befindliche und auf eine endgültige Form erst zustrebende Form der Regierung; es war die revolutionäre Diktatur.

Gesetzgebende und ausführende Gewalt blieb vereinigt in der Hand des Konvents, der, schon vermindert um die verhafteten und flüchtigen Abgeordneten und fort und fort zusammenschrumpfend, weiterhin Träger der Nationalsouveränität war. In ihm galt wie in der Öffentlichkeit überhaupt nur noch die bergparteiliche Meinung, die gebildet wurde im Jakobinerklub, getragen von den Sicherheitsorganen des Konvents und der Gemeinde, in deren Dienst die bewaffneten Sansculotten standen. Alle wesentliche Regierungsarbeit vollzog sich in Konventsausschüssen; die wichtigsten von ihnen waren der allgemeine Sicherheitsausschuß, der Träger aller Überwachungs- und Polizeimaßnahmen, und der Wohlfahrtsausschuß (comité du salut public), dem seit dem September 1793 alle anderen Ausschüsse unter- geordnet wurden. Der Wohlfahrtsausschuß, aus 12 unermüdlich ar- beitenden, gesinnungsmäßig eng verbundenen Mitgliedern bestehend, wurde zum eigentlichen Sitz einer Gemeinschaftsdiktatur mit wachsen- den Vollmachten. Der Kopf dieses Ausschusses und damit der Revo- lutionsregierung überhaupt wurde mehr und mehr Robespierre, der ihm seit dem 27. Juli 1793 angehörte. Nicht als formeller Vorsitzender und überhaupt nicht als Mann der Tat und der Geschäftsführung, sondern als unentwegter und taktisch geschickter Ausdeuter einer konsequenten gleichheitlich-demokratischen Doktrin, als ständiger Verbindungsmann zwischen Konvent, Jakobinerklub und Stadtver- waltung, als Vertrauensmann des revolutionären Pariser Kleinbürger- tums, besonders der kleinen Handwerker, wußte er alle Entscheidun- gen maßgebend zu beeinflussen, der „Unbestechliche", wie ihn die Pariser im Gegensatz zu dem impulsiven, undurchsichtigen Danton und anderen nannten, der unbeirrbare Verfechter republikanischer Lehre und Tugend.

Mittel und Methoden der Revolutionsregierung wurden allmäh- lich entwickelt und von Fall zu Fall improvisiert. Im Lande hatten Kommissare des Konvents, entsandte Vertreter, den Willen der Zentralregierung durchzusetzen, Vollzugs- und Überwachungsbeamte bei Verwaltungen und Armeen, die mit großen Vollmachten säuberten und straften, Beamte und Generale ein- und absetzten, Gegner der Revolutionsregierung ausschalteten; oft als Schreckensmänner ge- fürchtet, wußten sie auch die Ordnung herzustellen gegen die Über- griffe örtlicher Machthaber. So wurde das durch die Verfassung von 1791 begünstigte Auseinandergleiten der örtlichen Verwaltungen be- seitigt, auch mit Hilfe der jetzt überall bestehenden Volksvereine und Revolutionsausschüsse, die alle Feinde der Republik zu überwachen und anzuzeigen hatten. Seit dem Dezember 1793 wurden ständige vom Konvent ernannte Nationalbevollmächtigte bei den Departe- ments eingesetzt, die Vorläufer der späteren Präfekten.

Die wichtigsten Machtmittel der Regierung waren die gleichheit- lich republikanische Doktrin, wie sie in den Klubs vertreten wurde, und der organisierte Terror. Die Anwendung des Terrors als Re- gierungsmittel lag im Zuge der erregten Zeit; die Emigranten hatten ihn seit langem angedroht, Vendéer und Föderierte übten ihn aus; die Jakobiner sahen sich von ihm bedroht, sobald ihre Gegner Oberwasser bekämen, und erklärten deswegen offen im Konvent: „Setzen wir den Schrecken auf die Tagesordnung!" Angesichts ständig befürchteter Verschwörungen wurde die persönliche Freiheit weitgehend außer Kraft gesetzt. Meinungs- und Handlungsfreiheit wurden aufs äußerste eingeschränkt durch terroristische Strafgesetze gegen Vaterlandsverräter und Volksfeinde. Nicht nur, wer gegen die Republik und ihre Regierung handelte und sprach, sondern alle, die irgendwie Mißtrauen, Zwist und Verwirrung stifteten oder den „Interessen der Freiheit" zuwiderhandelten, wurden mit dem Tode bedroht. Konnte diese Todesstrafe auch nur in einer begrenzten Zahl von Fällen ausgeführt werden, so war schon die Verhaftung als Verdächtigter, die einen zunehmenden Personenkreis betraf und bald alle Gefängnisse füllte, ein wirkungsvolles Schreckmittel. In die Verhaftungspraxis und die Revolutionsjustiz drangen aber mehr und mehr Mißbräuche und Zufälligkeiten ein. Das Verfahren vor dem Pariser Revolutionstribunal, zunächst nicht unsorgfältig, wurde zunehmend abgekürzt, die Maßstäbe verschärft, die Beweisführungen vernebelt; zuletzt erfolgten summarische Massenverurteilungen, die auch viele Unschuldige betrafen. Die Revolutionsjustiz wurde zu einem einfachen Mittel der Vollzugsgewalt, zur raschen Beseitigung oder Einschüchterung politischer, sozialer, oft auch persönlicher Gegner mit Hilfe von Geschworenenrichtern, die ihre ergebenen Anhänger waren. Doch ist die Zahl der Todesopfer oft gewaltig übertrieben worden. Sie betrug in Paris in dem Jahr des schärfsten Terrors etwa 2600 Menschen, in ganz Frankreich einschließlich von Massenerschießungen in den Aufstandsgebieten vielleicht 20 000 — weniger, als später in mancher napoleonischen Schlacht gefallen sind.

Unter der Guillotine fielen Generale, die Rückschläge erlitten oder lässig erschienen, wie der aus dem Adel hervorgegangene Custine; konstitutionelle und girondistische Politiker und frühere königliche Beamte, unter ihnen der berühmte Chemiker Lavoisier; die Königin Marie Antoinette und der Herzog von Orléans, der unter dem Namen „Philipp Egalité" bergparteilicher Abgeordneter geworden war; viele Priester und Adlige, wohlhabende Landwirte und Handeltreibende, auch viele kleine Leute, Glücksritter und zweifelhafte Nutzießer der Zeit. Auch die Angehörigen der Bergpartei, die der herrschenden Gruppe und ihrer Politik gefährlich waren, wurden mit Hilfe der Revolutionsjustiz aus dem Wege geräumt.

Robespierre und seine engeren Anhänger betrachteten den Terror wie die ganze Revolutionsregierung als Übergangsmaßnahme und Mittel zur Herbeiführung einer vollkommenen republikanischen Gesellschaft mit gleichen Tugenden und Idealen und einer gleichmäßigen,

dem Gemeinwohl hingegebenen Bürgergesinnung, dem „Civismus".
Sie rechneten auf eine Jugend, die in republikanischen Einrichtungen
aufgewachsen sein würde, und wandten die Sorge des Wohlfahrts-
ausschusses deswegen auch der gleichmäßigen Jugenderziehung zu.
Zum ersten Male wurde allgemeiner, obligatorischer und kostenloser
Schulunterricht in den Elementarschulen mit staatlich besoldeten
Lehrern angeordnet, dazu traten republikanische Erziehungsmaß-
nahmen in den Rüstungswerkstätten und Anfänge eines technischen
Fachschulunterrichtes. Nur bis der Bestand der Republik gesichert
und die demokratische Verfassung anwendbar sein würde, sollte die
Minderheit durch die von ihr beherrschten Körperschaften nötigen-
falls diktatorisch regieren.

Aber für manche Agitatoren und Politiker wurden Terror, Ver-
dächtigung, Krieg und Beschlagnahmen zum Lebenselement ohne
endgültige politische Ziele. Ihr Held war der leidenschaftlich bittere
Marat, der am 13. Juli 1793 von Charlotte Corday, einer königs-
treuen Idealistin aus der Normandie, ermordet wurde. Ihr lautester
Wortführer wurde Hébert, ein volkstümlicher Zeitungsschreiber, der
für unbegrenzten Krieg und fortgesetzte wirtschaftliche und soziale
Eingriffe agitierte und den Konvent und seine Ausschüsse ebenso
hemmungslos verdächtigte wie Priester, Aristokraten und Wohlhabende. Er gewann Anhänger für ein sehr primitives, radikales
Kriegs- und Sozialprogramm; er wollte vom Volke gegen den Konvent gewählte Minister, derbere Volksmänner als die immer noch
bürgerlich gepflegten und gebildeten Männer des Wohlfahrtsausschusses, an die Macht bringen. Auf der anderen Seite fanden sich
Gruppen von gemäßigteren Politikern, „Moderantisten", zusammen,
welche die Zwangswirtschaft, die Kriegspolitik und die Angriffe auf
die Wohlhabenden einzuschränken suchten, — unter ihnen auch viele
Kriegsverdiener und korrupte Existenzen, denen die Forderung der
strengen republikanischen Tugend unbequem wurde und die von der
Fortsetzung des Terrors Nachteile für sich befürchten mußten.

Diese Richtungsgegensätze führten zu Reibungen im ganzen Lande,
zu Maßnahmen und Gegenmaßnahmen zwischen den Konventskommissaren, zur Austragung persönlicher Feindschaften mit politischen
Mitteln, die den Gesamtzustand Frankreichs empfindlich zu schwächen
drohten. Man bekämpfte sich gegenseitig mit dem Vorwurf der Begünstigung des Feindes, und in der Tat unterhielt die englische Politik
in Frankreich zahlreiche Agenten, die mit hohen Geldmitteln an der
Zersetzung der Klubs und der Bestechung von Revolutionsmännern
arbeiteten, um die Revolutionsregierung zu stürzen.

Robespierre und seine Anhänger standen zwischen den radikalen

Hébertisten und den Moderantisten. Sie verurteilten die Gruppenbidungen im Lager der Bergpartei als „Faktionen" mit Sonderinteressen, als Gefahr für die Einheit der aus dem Konvent und seinen Ausschüssen gebildeten Revolutionsregierung, die sie gerade in festere und gesetzliche Bahnen zu leiten suchten. Robespierre erklärte allerdings die Lässigkeit im Guten für noch gefährlicher als den Übereifer. Die Agitation der „Ultras", der Hébertisten, in denen auch die wirtschaftlich viel ernsthafteren „Enragés" aufgegangen waren, gab den Anstoß zur Verschärfung der Zwangswirtschaft, zur Anspannung und Ordnung des Terrors in der Hand des Wohlfahrtsausschusses, auch zur regelmäßigen Diätenzahlung an die Besucher der Pariser Sektionsversammlungen, die allerdings gleichzeitig auf zwei in der Woche beschränkt wurden. Aber die Hébertisten ließen sich durch keine Versprechungen zum Schweigen bringen und suchten durch die Forderung nach einem revolutionären Diktator die Massen gegen den Konvent in Bewegung zu bringen, allerdings nur mit begrenztem Erfolge. Als sie schließlich einen regelrechten Volksaufstand vorbereiteten, ging der Wohlfahrtsausschuß im März 1794 gegen die „Faktionen" vor. Hébert und ein ganzes Gemisch von ultraradikalen Politikern, darunter auch übereifrige Konventskommissare und außenpolitische Propagandisten, wurden wegen Komplotts gegen die Revolutionsregierung verurteilt und hingerichtet.

Gleichzeitig wurden auch die Moderantisten als Faktion beseitigt, an ihrer Spitze Danton, der Organisator des revolutionären Patriotismus von 1792. Seit dem Sturze der Girondisten aus den Regierungsausschüssen verdrängt, galt er seitdem als nachsichtig und verhandlungswillig, und ihm schwebte in der Tat das Ziel vor, den Terror und den Krieg mit einer Befriedungspolitik gegenüber den Besitzenden und Emigrierten in einer bürgerlichen Republik zu beenden. An seine Seite trat Desmoulins, ebenfalls einer der alten demokratischen Agitatoren. Danton und Desmoulins wurden mit einem neuen „Amalgam" von Politikern, Geschäftsleuten und Abenteurern im April 1794 ebenfalls wegen Verschwörung gegen die republikanische Regierung hingerichtet nach einem mehrtägigen Prozeß, in dem Danton noch einmal alle Talente des Volkstribunen spielen ließ und mühsam zum Schweigen gebracht werden mußte.

Seit dem Sturz dieser politischen Faktionen begann sich die Revolutionsregierung erst konsequent zur Diktatur des Wohlfahrtsausschusses von oben her zu entwickeln, mit Hilfe einer terroristischen Bürokratie und unter allmählicher Ausschaltung oder Unterwerfung auch der selbsttätigen revolutionären Bewegung. Die Presse wurde eintönig, abhängig von den Kommissaren und Beamten des Aus-

schusses, der Konvent bestand nur noch aus ergebenen oder furcht-
samen Jasagern; der Klub der Cordeliers wurde mit den von ihm
organisierten Volksvereinen geschlossen, nur der Jakobinerklub blieb
mit den ihm verbundenen Provinzklubs bestehen als parteiartige
Hilfsorganisation, selbst streng überwacht und unter Terror gestellt.
Der Terror wurde konzentriert und sichtbar als Mittel einer zentralistisch geleiteten Regierung und Revolutionspolitik eingesetzt.

Der Herbeiführung der neuen republikanischen Gesellschaft sollte
neben dem politischen Terror auch der wirtschaftliche Terror dienen.

Die Unruhe der hungerleidenden Stadtbevölkerung machte einen
stufenweisen Ausbau der Zwangswirtschaft notwendig. Im Juli 1793
wurde zur Bekämpfung der Teuerung angeordnet, daß alle Getreidevorräte deklariert und erfaßt, durch Aufkaufkommissare — rück-
sichtslose Revolutionsmänner — kontrolliert und zum Verkauf gebracht werden sollten. Aber Produktion und Verkehr ließen weiter
zu wünschen übrig; Schlangen vor den Bäcker- und Fleischerläden und
Lebensmittelrationierungen wurden in Paris und anderen Städten
immer regelmäßigere Erscheinungen, und dazu wuchs ständig der
Abstand zwischen den Preisen und den Einnahmen der handarbeiten-
den Bevölkerung. Im September 1793 erfolgte die Beschlagnahme
aller Getreidevorräte und die Anordnung von Höchstpreisen, eines
„Maximums" von ¹/₃ über dem Stande von 1790, für alle Gegen-
stände des täglichen Bedarfs — Maßnahmen, die nur durch ständige
Kontrollen, Drohungen und Denunziationen gegenüber den individualistischen Neigungen der Zeit durchzuführen waren. Mit Hilfe
von Kommissaren und Klubs wurden die wirtschaftlich Verdächtigen
als politisch Verdächtige verfolgt und bestraft. Dem Maximum unter-
lagen aber zugleich auch die Löhne, und da weiter das strenge Verbot
von Arbeiterkoalitionen in Kraft blieb, wurden auch die Lohnemp-
fänger, die sich gerade durch die Rüstungswerkstätten sehr vermehrt
hatten, zu Opfern dieser Gesetzgebung. Immerhin sicherte sie der
Masse eine gewisse, wenngleich mäßige Versorgung.

Politische Strafmaßnahmen und wirtschaftliche Eingriffe ergänz-
ten sich im Dienste einer mehr moralisch als politisch begründeten
und halb unbewußten Klassenpolitik. Mit einer gewissen Willkür
wurden in den einzelnen Städten Zwangsanleihen und Besteuerungen
gegen Wohlhabende, die nicht als Freunde der Republik galten, er-
zwungen und periodisch wiederholt, um die Mittel für Rekrutierungen,
revolutionäre Kampfgruppen und andere öffentliche Bedürfnisse aufzubringen. Alle Emigranten verloren ihr Eigentum schon seit 1792
an den Staat. Aber auch ganze bürgerliche Berufe, wie die Groß-
händler, und oft auch die „Klasse der Reichen" schlechthin gewannen

allmählich den Makel der Verdächtigkeit. Dabei bildete sich das Wunschziel einer wirtschaftlichen Umschichtung, die programmäßig in erster Linie gegen die politischen Gegner gerichtet war, tatsächlich aber auf Einebnung der Besitzunterschiede überhaupt hinauslief. Diesem Ziel sollte auch eine staatliche Zwangsanleihe auf alle höheren Einkommen und eine progressive Einkommensteuer, die grundsätzlich als Kriegssteuer beschlossen wurde, dienen. Um allen Reichtum aus den Händen der Gegner der Republik zu nehmen, wurden im Februar und März (Ventose II) Dekrete erlassen, wonach das Vermögen aller politisch Verdächtigen konfisziert und unter bedürftige Patrioten, Anhänger der demokratischen Republik, verteilt werden sollte, auf Grund von Listen der Verdächtigen und Bedürftigen, die von den örtlichen Revolutionsausschüssen aufgestellt und von den Konventsausschüssen gebilligt werden sollten. Der Enteignung der Aristokraten sollte die Enteignung eines großen Teiles der Besitzbürger folgen, zugunsten einer Klasse demokratischer Kleinbürger, neben der es nach Möglichkeit nicht mehr Arme und Reiche geben sollte. Jeder Reichtum, erklärte Robespierre, sei eine Gefahr für die republikanische Tugend. Es war ein kleinbürgerlich-proletarisches Ideal ohne klare Berücksichtigung wirtschaftlicher Zusammenhänge, eine halbsozialistische Klassenpolitik unter voller Beibehaltung der privatwirtschaftlichen Produktionsweise — doppelt illusorisch, solange Frankreich im äußeren Kampf stand. Denn gleichzeitig entwickelte sich auf Grund staatlicher Aufträge eine bedeutende privatkapitalistische Rüstungsindustrie, und Armeelieferanten, Schmuggler und geschäftemachende Regierungsbeamten gediehen trotz allem zu großem neuen Besitz.

Mit mehr Glück verfolgte die Revolutionsregierung ihre Ziele auf dem Lande durch entschlossene und endgültige Beendigung der Feudalität. Schon im August 1792 wurden alle Feudallasten, die nicht durch Originalurkunden als Eigentumsrechte nachgewiesen werden konnten, unterdrückt und die Teilungen der Gemeindegüter, die früher meist zugunsten der Seigneurs vorgenommen waren, rückgängig gemacht. Der Konvent machte dann 1793 überhaupt Schluß mit dem Prinzip, daß alte seigneurale Rechte noch abgelöst werden müßten, und verbot die Anwendung irgendwelcher Urkunden über Feudalrechte, womit nun auch die bürgerlichen Besitzer früherer adliger Güter getroffen wurden. Gleichzeitig begann der Verkauf der Güter der emigrierten Grundherren und der Gemeindeländereien in kleinen und kleinsten Stücken. Durch diese Maßnahmen wurde die große Menge des Kleinbauerntums endgültig am Bestande des revolutionären Frankreich interessiert und jedes Wiederaufleben der feudalistischen Bodenverfassung unmöglich gemacht. Jetzt erst waren die am 4. August 1789 erweckten Erwartungen erfüllt.

Im übrigen bestanden aber überall noch ungelöste wirtschaftliche Schwierigkeiten, als die Diktatur des Wohlfahrtsausschusses zu Ende ging, und sie haben zu ihrem Sturz nicht wenig beigetragen.

Die demokratische Republik hat die am Anfang der Revolution geschaffene Zivilkonstitution des Klerus, die politisierte Kirche des nationalen Verfassungsstaates, formell nicht angegriffen. Aber sie hat eine zunehmende Abwendung des Staates und der revolutionären Bewegung von Kirche und Christentum vollzogen und Versuche gemacht, vom Staate und von der politischen Bewegung her eine neue und gleichwertige religionsartige Kraft zu entwickeln.

Gleich nach dem Sturze des Thrones war Ernst gemacht worden mit der Ausweisung der eidverweigernden Priester, in denen man nun durchaus Gegner der neuen Republik sah. Zugleich wurde die weltliche Ordnung möglichst vollständig aus allen alten kirchlichen Verbindungen gelöst. Die Geburts- und Sterberegister wurden der Kirche genommen und erstmalig Zivilstandsregister eingeführt, mit deren Hilfe nun auch der Staat selbständig über die Ehegesetzgebung und ihre Durchführung verfügte (Sept. 1792). Der Konvent setzte an die Stelle des kirchlich bestimmten gregorianischen Kalenders eine neue republikanische Zeitrechnung, den Revolutionskalender mit der Jahreszählung vom Jahr I der Republik an, wozu ab Oktober 1793 auch die Wochen durch Dekaden und die Sonntage durch Dekadenfeiertage ersetzt wurden. Die Verfassung von 1793 verkündete vollständige religiöse Gewissensfreiheit, und die Feiertage der Republik hatten rein weltliches Gepräge.

Darüber hinaus brach sich der Gedanke Bahn, an die Stelle des Katholizismus eine neue, politisch bestimmte Aufklärungsreligion zu setzen, eine religiöse Verherrlichung des Vaterlandes und der neuen republikanischen Ordnung. Er wurde nicht amtlich durch den Konvent durchgeführt, sondern durch Einzelaktionen von Konventskommissaren, Stadträten und Revolutionsausschüssen. Die Kirchenausstattungen wurden zerstört und in Geld und Kanonen für die Kriegführung verwandelt. In den Kirchen fanden Freiheitsfeste für den Kult der Vernunft statt; die meisten Kirchen wurden zu „Tempeln der Vernunft" erklärt und für den kirchlichen Kult geschlossen. Die staatliche Bezahlung der Geistlichen hörte damit automatisch auf. Der Konvent begünstigte die Bewegung. Das Haupt der revolutionären Diktatur, Robespierre, wandte sich aber zugleich entschieden gegen eine atheistische Propaganda und gegen die Unterdrückung der freien Religionsübung. Klarer als die meisten Abgeordneten erkannte er, daß es bei der Stimmung der meisten Franzosen politisch unklug sei, den Konvent auf eine bestimmte religiöse oder metaphysische Lehre festzulegen. Andererseits schien ihm der Gedanke eines höchsten Wesens ein notwendiges Element der politischen, auch der demokratisch-republikanischen Ordnung zu sein. So ging Robespierre daran, eine staatsbürgerliche Religion in Gestalt einer Anzahl von allgemeinverbindlichen, politisch nützlichen Grundsätzen bei sonstiger Religionsfreiheit einzuführen, in engem Anschluß an Gedanken Rousseaus. Ein „Kult des höchsten Wesens" wurde vom Konvent als eine Art Staatsreligion angeordnet. Öffentliche Volksfeste sollten dem höchsten Wesen, der Natur, der Menschheit, den Tugenden usw. gewidmet werden; am Pfingsttag 1794 wurde ein „Fest des höchstens Wesens" begangen, bei dem Robespierre als Konventspräsident sprach und, wie scherzhaft gesagt worden ist, als „Hoherpriester des höchsten Wesens" amtete. Aber dieser Kult blieb leblos und unvolkstümlich. Die erneute Erklärung der Religionsfreiheit führte andererseits zur Wiedereröffnung mancher Kirchen und ermöglichte ein bescheidenes Weiterleben des Katholizismus, ohne daß die Spannung zwischen der rein weltlichen Revolutionsideologie und der katholischen Gläubigkeit verschwand. Erst nach dem Ende der Schreckensherrschaft (1795) wurde die Konsequenz der völligen Trennung von Kirche und Staat gezogen, immer noch in der irrigen Meinung, die Priesterreligion werde unter der Religion der Aufklärung und der neuen politischen Ordnung von selbst erliegen.

Die energische Zusammenraffung aller Kräfte durch die Revolutionsregierung hat dem Kriege gegen das monarchische Ausland wieder eine günstige Wendung gegeben. Das geschah zunächst vor allem dadurch, daß die Republik ihren Feinden zahlenmäßig sehr überlegene Heeresmassen entgegenstellen konnte. Nachdem die Freiwilligenwerbung auf die Dauer nicht ausreichende Ergebnisse gehabt hatte, haben die „föderierten" Freiwilligenformationen, die im August 1793 nach Paris kamen, im Angesicht der brennendsten außen- und innenpolitischen Gefahr den Gedanken der allgemeinen Volkserhebung betrieben: „Man muß der Erde ein großes Beispiel, den verbündeten Tyrannen eine schreckliche Lehre geben. Macht einen Aufruf an das Volk, daß das Volk sich in Masse erhebe, das Volk nur kann so viele Feinde vernichten!" Am 23. August 1793 erließ der Konvent das Dekret über die Massenerhebung (levée en masse), in dem es hieß: „Bis die Feinde vom Boden der Republik vertrieben sein werden, stehen alle Franzosen ständig für den Heeresdienst zur Verfügung." Alle unverheirateten jungen Männer von 18 bis zu 25 Jahren wurden für den aktiven Heeresdienst in Anspruch genommen.

Die Durchführung des Gesetzes wurde überall im Lande durch Konventskommissare sichergestellt, die den Terror mitbrachten und auch auf das wirtschaftliche Gebiet ausdehnten, Waffen und Vorräte beschafften und die Reichen und Verdächtigen besteuerten. So wurde aus der bisherigen spontanen, freiwilligen, aber keineswegs allgemeinen Rekrutierung die allgemeine, gesetzlich befohlene. Gleichzeitig wurde mit größten Anstrengungen die sehr heruntergekommene Waffen- und Munitionsherstellung in Gang gebracht. Zum ersten Male in der neueren Geschichte wurde die ganze erfaßbare Volkskraft' für die Landesverteidigung aufgeboten, auf Grund der Ideen des revolutionären demokratischen Patriotismus.

Der Organisator der neuen Volksarmee und der gesamten Kriegführung wurde der dem Wohlfahrtsausschuß angehörende Ingenieurhauptmann Carnot, ein unermüdlicher Arbeiter von Scharfblick und Energie, dabei ein entschiedener, unbestechlicher und uneigennütziger Republikaner. Er wußte die Armee nicht nur äußerlich, sondern auch innerlich neu zu gestalten aus dem Geiste des republikanischen Patriotismus, geeignete Männer emporzubringen und zu halten, große Heeresmassen an die bedrohten Stellen zu werfen, jedoch nicht als isolierter Führer, sondern in ständigem lebhaftem Zusammenwirken mit den zivilistischen Ausschußmitgliedern, unter denen sich sein fachliches Übergewicht durchsetzte. Die Reste der alten Linientruppen, die „Weißen", die bisher uneinheitlich neben den patriotischen Freiwilligen, den „Blauen", gestanden hatten, wurden mit den Neuausgehobenen in neuen Truppenkörpern vereinigt; es gab nur noch „Blaue". Das Offizierskorps wurde gereinigt, fast alle noch verbliebenen adligen Offiziere wurden entfernt und junge kriegsbewährte Freiwillige, zum Teil auf Vorschlag der Mannschaften, zu Offizieren befördert. Generale, die man für unzuverlässig hielt, wurden rücksichtslos abgesetzt und abgeurteilt; an die Spitze der Armeen kamen junge, tatenlustige Männer aus dem Unteroffiziersstand, Söhne von Handwerkern und Bauern. Die Armee wurde republikanisiert; die Soldaten blieben Staatsbürger und gesinnungsmäßig eng verbunden mit den politisierenden Sansculotten der Städte, sie fühlten sich voll Verachtung erhaben über die Soldtruppen der Fürstenheere. Aber zugleich wurde die militärische Disziplin wiederhergestellt und jede politische Wendung der Armee gegen die Regierung ausgeschlossen.

Noch am Ende des Jahres 1793 gelangen an allen Fronten durchschlagende Erfolge. Vendéer und Föderierte wurden besiegt und die alten Grenzen Frankreichs in der Hauptsache wieder erreicht. Infolge des wachsenden Mißtrauens, das zwischen Preußen und Österreichern herrschte, konnten die letzteren am 26. Juni 1794 entscheidend bei

Fleurus geschlagen werden und räumten im Anschluß daran, unter einer verzagten und unfähigen Führung, das reiche Belgien, um es nie wieder zu gewinnen. Die Schreckensherrschaft hatte damit das Vaterland aus der Gefahr befreit, in der es 1792 und 1793 geschwebt hatte. Robespierre und Carnot nahmen nun aber nicht ohne weiteres den Propagandakrieg und die Politik der natürlichen Grenzen wieder auf; sie dachten zunächst an die Festigung der inneren Freiheit und an den Erwerb einer Grenzsicherung in Belgien. Sie führten den Krieg mit zähem und unerbittlichem Fanatismus, ohne diplomatische Feinheiten und Berechnungen. Die besetzten Gebiete wurden nicht so sehr umworben als zur Erhaltung der Armee benutzt, da die Mittel des eigenen Landes angesichts der Assignateninflation, der geschrumpften Produktion und der mühsamen Zwangswirtschaft nicht mehr ausreichten. Aber die militärischen Erfolge und der zunehmende politische Zerfall der feindlichen Koalition haben daraus bald eine neue Eroberungspolitik mit dem Ziel der natürlichen Grenzen werden lassen. Das Geschick der Revolution blieb mit der Entwicklung des Krieges weiter eng verbunden.

An der vom Jakobinertum getragenen revolutionären Diktatur haben sich von jeher in schroffster Weise die Meinungen geschieden. Die Schreckensherrschaft der Jahre seit 1792 wirkte abstoßend auf den größten Teil der idealistischen Intellektuellen in den übrigen Ländern, die den Anfang der Revolution als Menschheitserwachen begrüßt hatten, und färbte rückwirkend auf die Beurteilung der ganzen revolutionären Bewegung; schien diese hier doch, worauf ihre Gegner triumphierend hinwiesen, in einem logischen Prozeß der Selbstvernichtung, ja in einem Rausch von Blut und Irrwahn unterzugehen. Höchstens die unbezweifelbaren organisatorischen und militärischen Leistungen der Revolutionsregierung haben die Kritiker gelten lassen. Und zweifellos liegt in der innen- und außenpolitischen Krise von 1792/93, äußerlich betrachtet, die besondere Ursache und Rechtfertigung der jakobinischen Gemeinschaftsdiktatur. Ohne diese wäre damals Chaos, Fremdherrschaft und blutige Reaktion eingetreten. Sie ist aber doch auch in sich ein höchst bemerkenswerter Versuch, aus den revolutionären Prinzipien letzte Konsequenzen zu ziehen und die bürgerliche Gesellschaft zu einer Gesellschaft der sozialen Gerechtigkeit, aber ohne planmäßigen Sozialismus fortzubilden. Dieser Versuch mußte scheitern, weil er unzureichend in theoretischem Fanatismus und bloßen antikapitalistischen Empfindungen, nicht in politischen und wirtschaftlichen Einsichten begründet war. Die Republik war in ihrem Existenzkampf selbst zu jeder Zeit auf das Ge-

deihen der kapitalistischen Wirtschaft angewiesen, die sie mit Zwangsmaßnahmen behinderte; an deren Stelle vermochte sie selbst kein
anderes System zu setzen. Der Kampf der Revolutionsregierung und
der hinter ihr stehenden Kleinbürger und Proletarier fand nicht den
Einklang zwischen Mitteln und Zielen, der zur Herstellung einer
dauernden Neuordnung gehört. Diese Revolutionsdiktatur ist, wie
sie sich schließlich gestaltete, an sich selbst zusammengebrochen, aber
es war ihr Werk, daß nach ihr das Alte, welches sie endgültig hin-
weggefegt hatte, nicht mehr wiederkehren konnte.

DIE BÜRGERLICHE REPUBLIK
1794—1799

DIE THERMIDOR-REAKTION

Nach der Konzentration der Revolutionsregierung im Frühjahr 1794 war Robespierre erst recht das Haupt der revolutionären Diktatur geworden. Obwohl er den Sitzungen wochenlang fernblieb, beherrschte er den Wohlfahrtsausschuß durch seine Vertrauten, den jungen St. Just und den brutalen Couthon, und den Konvent durch seine Vertrauensstellung bei der Kommune, bei den Pariser Handwerkern und den Jakobinern des ganzen Landes. Fanatisch besessen von dem Ideal, konsequent den Staat der republikanischen Tugend mit Gleichheit und Reinheit der Gesinnungen durchzuführen, machte er, der hochbegabte Taktiker, schließlich entscheidende taktische Fehler. Die terroristische Revolutionsjustiz wurde seit dem Mai 1794 wesentlich verschärft mit dem offen ausgesprochenen Ziel, die Feinde des Vaterlandes nicht zu richten, sondern zu vernichten; jedoch wurden dabei nicht mehr bestimmte Kreise und Klassen, sondern fast wahllos Menschen aller Schichten und Gesinnungen betroffen, ohne klare Prüfung der Schuldfrage. Robespierre zeigte zunehmende Unduldsamkeit, auch gegen die tätigsten und sachlich hingebendsten Mitglieder der Ausschüsse; er forderte beschleunigte Ausführung der Dekrete gegen das Vermögen aller Verdächtigen und bedrohte eine zunehmende Anzahl der verbliebenen Konventsmitglieder mit neuer Verfolgung. Man beschuldigte ihn des Strebens nach der Diktatur; es ist eine unlösbare Frage, ob er vielleicht nach einer letzten großen Säuberungsaktion einer befriedeten Demokratie unter seiner Führung zugesteuert haben würde. Zum Verderben wurden ihm seine Drohungen gegen eine Reihe von Konventskommissaren, die als Terroristen in einzelnen Departements zum Teil sehr selbständig gehandelt und sich auch bereichert hatten. Diese gewalttätigen „Prokonsuln", die ihm an Überzeugungstreue meist weit unterlegen waren, ließen seine Angriffe nicht hingehen. Sie verbanden sich zu einem Komplott mit der Menge der nicht zur Bergpartei gehörigen Abgeordneten der „Ebene" oder des „Sumpfes", die bisher schweigend mitgemacht hatten, aber des Terrors längst überdrüssig und ruhebedürftig waren;

sie konnten jetzt darauf hinweisen, daß der Terror nicht mehr wie im Vorjahr durch die Gefahr des Vaterlandes gerechtfertigt sei. Dazu gesellte sich die stille Opposition der gesinnungsreinen und arbeitsamen Mitglieder des Wohlfahrtsausschusses, die sich, wie Carnot, in ihrer Arbeit behindert sahen. Das war die Grundlage des Staatsstreiches vom 9. Thermidor (27. Juli) 1794, durch den Robespierre und seine persönlichen Anhänger gestürzt wurden.

Schon in der vorhergehenden Konventssitzung war Robespierre heftig angegriffen worden, weil er den Konvent durch seine Diktaturgelüste lahmlege. Als in der Sitzung vom 9. Thermidor St. Just eine Rede gegen mehrere Mitglieder des Wohlfahrtsausschusses begann, erhob sich wachsender Ansturm in der Versammlung; die bislang immer stummgebliebenen Männer des „Sumpfes" erhoben lauten Widerspruch. Robespierre und seine engeren Anhänger wurden schließlich verhaftet als Clique eines „Tyrannen". Zu ihren Gunsten erhob sich nun zwar ein Aufstand aus den Pariser Sektionen mit Generalmarsch, Sturmglocke, Aufmarsch vor dem Stadthaus und gegen den Konvent, wie an den großen Tagen der Revolution. Aber jetzt zeigte sich, daß nicht nur die besitzenden Bürger, sondern auch große Teile des bislang politisch aktiven Kleinbürgertums mit der revolutionären Diktatur unzufrieden waren; vor allem standen die Lohnarbeiter jetzt beiseite infolge der Handhabung der Zwangswirtschaft, die Lohnerhöhungen ausschloß, ohne alle Preiserhöhungen hindern zu können. Zwar wurden die Verhafteten befreit und ins Stadthaus gebracht; aber in der Nacht verlief sich ein großer Teil der Aufmarschierten; auf der anderen Seite sammelte Barras, einer der Verschworenen, bewaffnete Leute aus den wohlhabenderen Sektionen — Bürgerliche, denen an der Beseitigung des Terrors lag — und brachte damit das Stadthaus in seine Gewalt. Einige der Verhafteten nahmen sich das Leben. Die übrigen wurden am nächsten Tage — ohne weiteres Verfahren, nach bloßer Feststellung ihrer Identität — guillotiniert, als letzter Robespierre, unter minutenlangem Beifall der Volksmenge, die bei den vorhergehenden Hinrichtungen schon mehr und mehr teilnahmslos geworden war. Einen Tag später folgte ebenso summarisch die Hinrichtung fast des ganzen Pariser Stadtrats, der Robespierres Herrschaft gestützt hatte.

Die „Thermidorianer" — jene Angehörigen der Bergpartei, die Robespierre und seinen Anhang als diktatorischen Klüngel gestürzt hatten, beabsichtigten keineswegs die Revolutionsregierung zu beseitigen. Sie wollten nur die Konzentration der Macht in wenigen festen Händen künftig unmöglich machen und die Staatsgewalt der Gesamtheit des immer noch von der Bergpartei beherrschten Konvents in die Hände geben; als seine Organe sollten drei regelmäßig auszuwechselnde Ausschüsse künftig die Regierung führen. An die Stelle der Diktatur eines engen Kreises starker, fanatisch für das öffentliche Wohl tätiger Persönlichkeiten trat eine Vielregierung von vielfach mittelmäßigen und auch für das eigene Interesse bedachten Politikern, die zugleich die revolutionäre Selbsttätigkeit in den Gemeinden und in der Stadt Paris nach Möglichkeit lahmlegten. Dabei wirkte sich zugleich eine zunehmende reaktionäre, rückläufig gerichtete Stimmung aus, der die Regierenden — teilweise gegen ihre ursprüngliche Absicht — nachzugeben begannen. Die wahllose Anwendung des politischen Terrors hatte alle Besitzenden — große und kleine, alte und neue — schließlich geeinigt in dem Wunsche, nicht durch immer neue Maßnahmen des revolutionären Staates beunruhigt zu werden; dazu kam die Unzufriedenheit der Handeltreibenden und Lohnarbeiter, die alle Notstände den wirtschaftlichen Zwangsmaßnahmen zuschrieben. Sie alle wünschten die Beseitigung des Terrors; nur der handwerkliche Teil des Pariser Kleinbürgertums hielt noch an den Idealen der Schreckenszeit fest. Die führenden Thermidorianer — Männer, die durch die Revolution zu Glück und Reichtum gekommen waren und jetzt Schlösser, Equipagen und Maitressen besaßen — waren ihrerseits zufrieden, nicht mehr durch strenge Forderungen behelligt zu werden, und gingen daran, vereint mit den Gemäßigten des Konvents, den Terror und damit den bisherigen Apparat der Revolutionsregierung überhaupt abzubauen.

Die antiterroristische Stimmung brach in der Öffentlichkeit mit dem Augenblick des Sturzes von Robespierre fast mit Naturgewalt durch. Zeitungen brachten ungehemmte Angriffe auf die Schreckensmänner, wenn sie auch Kritik an der Republik und ihrer Verfassung nicht wagten; in einer neuen, vielgesungenen Hymne, dem „Weckruf des Volkes", wurde das souveräne Volk aufgefordert zur Verfolgung der „Blutsäufer", dieser „scheußlichen Kannibalen". Junge lebenslustige Leute, die von keiner Freiheitsbeschränkung wissen wollten — Söhne von wohlhabenden Familien, aber auch von kleineren Leuten, die sich durch den Terror bedrängt fühlten —, aufgestachelt von führenden Thermidorianern, durchzogen mit Knüppeln die Straßen, belästigten alle, die sich durch Verhalten und Kleidung als Anhänger der Jakobiner zeigten, und störten ihre Versammlungsstätten (man nannte sie später „jeunesse dorée", vergoldete Jugend). Luxus, Wohlleben, moralische und religiöse Ungebundenheit wurden offen zur Schau getragen von allen, die es sich leisten konnten, und lösten die gespannte republikanische Tugendhaftigkeit der letzten

Schreckenszeit ab. Das allgemeine Duzen hörte auf; man begann sich wieder mit „Monsieur" und „Madame" anzureden. Die wohlgekleideten Stutzer blickten verächtlich auf die zerlumpten Sansculotten herab; auch die rote Mütze wurde gesellschaftlich verpönt. Die blutige Revolutionsjustiz wurde nach dem 9. Thermidor eingestellt, soweit sie nicht noch gegen bisherige Terroristen angewandt wurde. Die Gefängnisse leerten sich. Die terroristischen Beamten wurden nach und nach durch gemäßigtere ersetzt. Politisch Verfolgte und Priester begannen unbemerkt und ungehindert zurückzukehren. Gegner der bisherigen Revolutionsregierung wurden vielfach begnadigt. Im Frühjahr 1795 konnten die noch überlebenden, verhafteten girondistischen Abgeordneten wieder in den Konvent einziehen, selbst diejenigen, die sich an den föderalistischen Aufständen beteiligt hatten. Damit war die alte Bergpartei weiter erheblich geschwächt. Eine Politik der Nachsicht und der Milde, wie Danton sie zuletzt gewünscht hatte, setzte sich durch: Man suchte die immer noch fortglimmenden Aufstände in der Vendée durch Begnadigung der Rebellen zu beenden und durch die Trennung von Kirche und Staat jeder kirchlichen Reaktion den Wind aus den Segeln zu nehmen. Bei alledem verschob sich das Ziel der Revolutionsregierung selbst: Die „Thermidor-Reaktion" begann die werdende demokratische Republik in eine bourgeoise Republik umzuwandeln. Das zeigte sich mit voller Deutlichkeit in ihrer Wirtschaftspolitik und in den weiteren politischen Folgerungen, die sie aus den Ereignissen zog.

Mit dem politischen wurde auch der wirtschaftliche Terror abgetragen. Natürlich unterblieb nun die Verteilung des Besitzes der Verdächtigen, die allen Besitzenden im Prinzip verhaßt sein mußte. Rehabilitierte Verhaftete und die Hinterbliebenen von Hingerichteten erhielten ihren Grundbesitz zurück; Ländereien, die schon zugunsten der Armen beschlagnahmt waren, wurden zurückgegeben oder gerieten zu geringen Preisen in die Hände von Kapitalisten. Aber auch die Höchstpreisgesetzgebung und der ganze Zwangswirtschaftsapparat wurde abgeschafft. Börse und Spekulation erhoben sich wieder. Aber die durch Krieg und Unsicherheit gehemmte Produktion blieb gerade jetzt, wo der Handel wieder ganz den privaten Unternehmern in die Hand gegeben war, zu gering; die Landleute hielten ihre Erzeugnisse zurück oder gaben sie nur gegen Sachwerte ab, und so war die Folge der wirtschaftlichen Lockerungen eine furchtbare materielle Not für die nicht besitzenden Schichten. Die Preise stiegen, die Zufuhren stockten; die Assignaten, zuletzt durch die Höchstpreise noch gehalten, sanken auf 3—4 Prozent ihres Nennwertes. Die gesamte handarbeitende Bevölkerung in der Stadt litt

Hunger und schwerere Not als jemals, neben dem herausfordernden Wohlleben der Thermidorianer und Neureichen, die aus der Inflation noch ihren Vorteil zogen. Die hungerleidende Pariser Stadtbevölkerung trug somit bald selbst die Kosten des von ihr nicht gehinderten oder sogar noch unterstützten Sturzes der revolutionären Diktatur. Sie reagierten darauf in zwei Aufständen vom 12. Germinal (1. April) und 1. Prairial (20. Mai) 1795. Demonstrierende Männer, Frauen und Kinder drangen in den Konventssaal ein, schrien nach Brot und forderten die Verfassung von 1793, unter Hinweis auf die Menschenrechte, besonders auf das darin verbürgte Recht zum Widerstand. Beim zweitenmal wurde sogar ein Abgeordneter getötet. Es waren mehr Hungerrevolten als organisierte politische Aktionen. Aber mit ihrer Verfassungsforderung waren sie deutlich auf die Entthronung des immer noch herrschenden Konvents und die verfassungsmäßige Einrichtung der demokratischen Republik, gegen die bourgeoise Umbiegung der politischen Einrichtungen gerichtet. Der zweite Aufstand führte immerhin zu beträchtlichen Aufgeboten von Bewaffneten und tagelanger kampfbereiter Aufstellung, und wäre unter durchgreifenderer Führung vielleicht noch gefährlicher für den Konvent geworden. Die Aufstände wurden durch Nationalgarden aus den wohlhabenderen Stadtteilen, die jetzt mit der Regierung gingen, das zweitemal zugleich durch Militärgewalt mattgesetzt.

Die Pariser Aufstände des Frühjahres 1795 boten dem Konvent, in dem die Bergpartei jetzt in der Minderheit gegen die Mitte und die Girondisten stand, Anlaß zur völligen Ausschaltung der Parteigänger des vergangenen Terrors. Die Konventsmehrheit beschuldigte die Jakobiner der Urheberschaft an den Aufständen — wahrscheinlich zu Unrecht, da diese bürgerlichen Theoretiker meist gar nicht mehr wirkliche Verbindung zu den notleidenden Arbeitern hatten — und unterdrückte sie, nicht nur als politisch unbequeme Mahner, sondern auch als Vorkämpfer der verhaßten wirtschaftlichen Zwangsgesetzgebung. Der Pariser Jakobinerklub war schon im November 1794 geschlossen, den Provinzklubs die Aufnahme gemäßigter Mitglieder auferlegt und jede Korrespondenz untereinander verboten worden. Schon im Winter hatten Prozesse gegen verschiedene alte Terroristen stattgefunden, die sich nicht rechtzeitig den Thermidorianern anschlossen, und mit ihrer Hinrichtung geendet. Jetzt wurden auch jakobinische Mitglieder des Konvents verurteilt und entfernt. Die letzten Mitglieder der Konventsausschüsse der Schreckenszeit wurden nach Guayana deportiert; nur Carnot blieb unangreifbar als „Organisator des Sieges". Nach dem zweiten Aufstande wurden sechs weitere

Abgeordnete summarisch zum Tode verurteilt. Mindestens 60 Mitglieder der Bergpartei wurden aus dem Konvent ausgeschlossen. Und in den Departements, am heftigsten dort, wo 1793 die summarische Revolutionsjustiz ausgeübt worden war, in Lyon, Toulon, Marseille und anderen Städten, wütete jetzt der „weiße Terror" gegen die ehemaligen Schreckensmänner, die dort von neuen Konventsabgesandten gefangengesetzt waren. Sie wurden in großer Zahl von Banden klerikaler Revolutionsgegner aus den Gefängnissen herausgeholt und niedergemacht nach dem Vorbild der Pariser Septembermorde von 1792.

Der verfassunggebende Nationalkonvent führte als souveränes Parlament die Thermidorreaktion wie vordem die Diktatur der Schreckenszeit durch und schaltete dabei die Männer der Bergpartei, die 1793/94 ihn allein beherrscht hatten, mehr und mehr aus. Es war eine zweite, reaktionäre Etappe der Revolutionsregierung ohne geschriebene Verfassung und verfassungsmäßige Institution. Diese Diktatur einer vor Jahren gewählten und mehrfach umgestalteten Versammlung von Abgeordneten ließ sich aber auf die Dauer nicht aufrechterhalten. Die in die Opposition Gedrängten forderten die Inkraftsetzung der von ihnen geschaffenen Verfassung von 1793, und auch die Interessen der besitzenden Bürgerschichten, denen die Maßnahmen der Thermidorregierung weitgehend entsprachen, verlangten nach einem verfassungsmäßig vorgeschriebenen Regierungssystem. Die Frühjahrsaufstände von 1795, die unter der Parole der Verfassung von 1793 standen, veranlaßten wieder ernsthafte Beratungen der Verfassungsfrage. Die Konventsmehrheit fand nun aber keinen Geschmack mehr an der außer Kraft gesetzten demokratischen Verfassung, deren Einführung die aufständischen Pariser Arbeiter gefordert hatten, sondern schuf eine neue Verfassung, die den von ihr jetzt bekämpften Sozialismus und Terrorismus unmöglich machen sollte. Mit dieser sogenannten Direktorialverfassung des Jahres III (1795/96) tat der Konvent den Schritt von der demokratischen zur bourgeoisen Republik, die sich in der ganzen politischen Entwicklung seit dem 9. Thermidor angekündigt hatte.

Sie zeigte manche Anklänge an die vom Großbürgertum beherrschte konstitutionelle Monarchie von 1790/1791. An Stelle des allgemeinen gleichen Wahlrechtes trat wieder eine Wahlrechtsbeschränkung, an Stelle des direkten Wahlrechts ein indirektes. Nur die Steuerzahlenden durften wählen, nur höhere Steuerzahler und Grundbesitzer Wahlmänner werden. Man glaubte mit dem allgemeinen Stimmrecht ein Machtmittel für Agitatoren jeder Art, auch für Priester, Adlige und Reaktionäre auszuschalten und derartigen

Einflüssen auch durch die verfassungsmäßige Garantierung der geheimen Wahl einen Riegel vorzuschieben. Man folgte der bürgerlichen Republik der Nordamerikaner, indem man die gesetzgebende Gewalt in zwei Körperschaften teilte, einen Rat der Fünfhundert mit dem Recht der Initiative und einen Rat der Alten (250 Mitglieder) mit dem Recht des Einspruches. Alles sollte der Wiederkehr des Terrorismus vorbeugen. Darum wurde, im Gegensatz zur amerikanischen Union, auch jetzt kein wählbares einzelnes Staatsoberhaupt vorgesehen; man hätte damit gefürchtet, einer neuen Tyrannei Vorschub zu leisten. Die ausführende Gewalt wurde, wie in den Zeiten der Revolutionsregierung, als Ausschuß aus der Volksvertretung gebildet: ein Direktorium aus fünf Mitgliedern, von denen alljährlich eins zu erneuern war; es wurde gewählt vom Rat der Alten aus einer vom Rat der Fünfhundert präsentierten Liste. Die Minister wurden vom Direktorium ernannt und waren ihm verantwortlich.

Die Erklärung der Menschen- und Bürgerrechte wurde in der Direktorialverfassung sehr abgeschwächt. Die Gleichheit wurde weniger als 1793 und sogar 1789 betont und auf die Rechtsgleichheit (égalité civile) beschränkt, um die politische Gleichheit und gar die Besitzgleichheit auszuschließen. Das Recht auf Arbeit und die Erklärung des allgemeinen Glücks zum Staatszweck verschwanden als Hinweise auf den jetzt verabscheuten Sozialismus; dafür wurde die Freiheit der Religion und der Presse stärker betont. Einige Artikel über staatsbürgerliche Pflichten forderten von jedem Staatsbürger den Dienst am Vaterlande, an der Aufrechterhaltung der Grundrechte, an der Verteidigung der Grundrechte und Befolgung der Gesetze, moralische Sätze, die in dieser Formulierung zum erstenmal seit 1789 die Staatsgewalt dem Volke entgegensetzten und seinen Willen nicht als unfehlbar voraussetzten.

Die beiden Kammern des gesetzgebenden Körpers sollten alljährlich zu einem Drittel neugewählt werden, und zwar nach einem Zusatzdekret auch schon bei der ersten Wahl. Das hieß, daß die beiden neuen Kammern zunächst zu zwei Dritteln weiter aus bisherigen Konventsabgeordneten bestehen sollten. Diese Bestimmung, eingegeben von der Besorgnis vor einem plötzlichen Ruck in die Extreme und dem Bestreben nach einer beharrlichen bürgerlich-republikanischen Mehrheit, erregte sogleich laute Kritik bei Rechts- und Linksgerichteten. Die Agitation gegen die „perpétuels", die „Kleber", und für völlige Neuwahlen gewann sehr rasch Boden in einer Bevölkerung, die aus den verschiedensten Motiven von dem Konvent der vergangenen Jahre nichts mehr wissen wollte. Eine Abstimmung über die Verfassung ergab mit Hilfe behördlichen Druckes zwar eine Mehrheit, aber bei nur schwacher Wahlbeteiligung. Das Zusatzdekret über die Konventsabgeordneten erhielt nur wenige Stimmen. Es kam zu einem neuen Volksaufstand in Paris gegen den Konvent, bei dem nun die Sektionen der Wohlhabenden, der zu einem Ruck nach rechts neigenden Bürger die Führung hatten, während der Konvent von einigen bergparteilichen Sektionen verteidigt wurde. Am 13. Vendémiaire III (4. Oktober 1795) marschierten 20 000 bis 25 000 bewaffnete Bürger in zwei großen getrennten Kolonnen rechts und links der Seine gegen die Tuilerien, die nur von wenigen Tausenden und einigen Armeeabteilungen verteidigt waren. Mit diesen zerstreute der junge General Bonaparte im Auftrage des Konvents die Aufständischen durch mörderisches Artilleriefeuer. Dieser Aufstand war das letzte Eingreifen der Pariser Volksbewegung in die Revolution. Der zentralistische Zug der Verwaltung, den die bergparteiliche Diktatur eingeführt hatte, blieb bestehen und schloß hinfort eine Entscheidung durch selbständige Volksaktionen aus. Fortan gab die bewaffnete Macht, das von der Revolution neugeschaffene republikanische Heer, den politischen Ausschlag auch gegen Volksbewegungen.

Der 1792 berufene Konvent beendete nach drei ereignisschweren Jahren sein Werk mit einer allgemeinen Amnestie, die vor allem den Terroristen galt. Indes wurden auch Emigranten und Priester, die von ihr ausgeschlossen waren, praktisch nur noch lässig verfolgt. Als die Versammlung am 26. Oktober 1795 auseinanderging, hinterließ sie ein schwieriges Erbe: eine zerfahrene Wirtschaft, ein notleidendes Volk und einen Krieg, der zwar nicht mehr eine unmittelbare Gefahr für Frankreich bedeutete, aber bei den wieder hochgespannten Zielen der Republik noch lange Anstrengungen forderte.

DIE ZEIT DES DIREKTORIUMS

Die Direktorialverfassung, die im Jahre IV der Republik (Ende 1795) in Kraft trat, sollte eine republikanische Verfassung sein, bestimmt zur Erhaltung der bürgerlichen Republik, wie sie sich in der Zeit der Thermidorreaktion unter Abwehr des Terrorismus und der radikalen Demokratie entwickelt hatte.

Diese Republik stützte sich nicht mehr auf eine spontane Volksbewegung. Die alten politischen Klubs blieben geschlossen; es gab nur formlosere Zusammenschlüsse von Politikern, nicht mehr eine von unten aufgebaute politische Organisation. Die Republik wurde regiert mit Hilfe einer bürokratischen Verwaltung, die zentralistisch nach oben ausgerichtet war, mit ständigen Kommissaren des Direktoriums bei den Departements und Gemeinden. Ihr letztes Machtmittel war die republikanische Armee. Die terroristischen Gesetze aus dem Jahre 1793, die jede der Republik feindliche Bewegung mit dem Tode bedrohten, blieben formell in Kraft; die Presse wurde zwar nicht vorzensiert, aber streng kontrolliert und durfte sich keine Äußerung gegen die Republik und ihre Verfassung erlauben; aber die Gesetze wurden vorsichtig und meist auch lässig ausgeführt, besonders außerhalb von Paris, und statt auf Tod wurde meistens auf Deportation in die Kolonien erkannt. Es gab keine Volksaufstände mehr, sondern nur noch „Staatsstreiche", durch welche die regierenden Gruppen sich die Macht zu erhalten suchten, unter Benutzung oder auch unter Umgehung der bestehenden bürgerlich-republikanischen Verfassung.

Im gesetzgebenden Körper überwog zunächst die aus dem Konvent übernommene Zweidrittelmehrheit — Männer, die meist für den Tod des Königs gestimmt hatten, aber größtenteils nicht wieder die Republik in den Kurs der alten Bergpartei gleiten lassen wollten. Aus so Gesinnten bestand auch das erste Direktorium: Es waren in der Mehrzahl charakterlich strenge und einfache Arbeitsnaturen, unter ihnen Carnot, der alte Jakobiner, der allmählich ein Mann der ruhigen, gesetzlichen Entwicklung wurde. Der einflußreichste wurde freilich ein anderer, der als einziger bis zum Schluß im Direktorium verblieb: Barras, ein korrupter Lebemann und Revolutionsgewinnler adliger Herkunft, ein Typ der vergnügungslustigen und sittenlosen Gesellschaft der Neureichen, die seit dem 9. Thermidor hochgekommen war und in Paris weiterhin die Blicke auf sich zog. Das Direktorium regierte mit den bürgerlichen Republikanern, die im gesetzgebenden Körper die Mehrheit hatten. Für diese Gruppe kamen damals die Worte „konservativ" und „liberal" auf, eigentlich in gleichbedeutendem Sinne: liberal in Ablehnung der alten Mächte des Absolutismus, des Feudalismus, des Klerikalismus; konservativ im Sinne der Erhaltung der sozialen Ordnung, der Besitzunterschiede, des Eigentums. Neben den bürgerlichen Republikanern standen als Minderheit demokratische Republikaner, in denen die patriotischen Ideale von 1792/94 noch lebendig waren; aber die Grenzen waren fließend und wechselnd, und das Direktorium fand zuerst immer eine Mehrheit, wenn es sich gegen die Gefahr eines neuen kleinbürgerlich-proletarischen Demokratismus wandte.

Das geschah 1796/97 bei der Verurteilung Babeufs und seiner Verschwörung. Babeuf, ein Bauernsohn von leidenschaftlicher demokratischer Gesinnung, hatte als Journalist seit dem 9. Thermidor in seiner Zeitung „Volkstribun" einen Kampf gegen Revolutionsgewinne und Korruption geführt und wurde unter dem Direktorium zum Mittelpunkt einer Verschwörung von jungen Leuten, die sich der bei Paris stehenden Truppen bemächtigen und eine neue Revolutionsregierung, eine volkstümlich-demokratische Diktatur durch einen revolutionären Wohlfahrtsausschuß aufrichten wollten. Als Ziel proklamierten sie die „Verfassung von 1793" mit den halbsozialistischen Tendenzen der Männer von 1793/94 gegen die „Reichen". Babeuf hatte dabei Ideen kommunistischer Art im Sinne, die noch wesentlich hinauswiesen über das damals hier und da vertretene „Agrargesetz", die Aufteilung des Grundbesitzes. Er erstrebte eine Gütergemeinschaft am Landeigentum mit gemeinsamer, planmäßiger Produktion und gleichen Zuteilungen an alle, sogar ohne Rücksicht auf die Ungleichheit der Leistungen. Indes kam es nicht zu einer genaueren Ausarbeitung dieser Ideen, und es scheint auch, als ob seine Anhänger nicht näher darauf eingegangen sind. Babeufs Verschwörung wurde mit Hilfe von Polizeispitzeln entdeckt und unter Anklage gestellt, weil sie die Verfassung zu stürzen unternahm. Nach langem Gerichtsverfahren wurden die meisten Teilnehmer freigesprochen; Babeuf und ein Mitverschworener wurden zum Tode verurteilt und hingerichtet (27. Mai 1797). Gleichzeitig mit der Verhaftung hatte im September 1796 noch ein Aufstandsversuch einer bewaffneten Gruppe von Demokraten stattgefunden, welche die Truppen im Lager von Grenelle bei Paris gegen den gesetzgebenden Körper und die „neuen Tyrannen" für die Herstellung der Verfassung von 1793 aufwiegeln wollten. Aber die Soldaten ließen sich von ihnen nicht gewinnen, viele der Anführer wurden verhaftet und vor ein Militärgericht gestellt, einige hingerichtet.

Eine ernstere Gefahr als die radikal-demokratischen Aufstandsversuche stellte für das Direktorium das Erstarken dessen dar, was man jetzt als „Royalismus" bezeichnete. Allerdings gab es keine offene Auseinandersetzung über die Frage Republik oder Monarchie, denn für letztere einzutreten konnte bei den bestehenden Gesetzen niemand wagen. Aber Anhänger einer monarchischen Gewalt entfalteten eine verdeckte Tätigkeit, erkennbar oft nur an Nuancen des Ausdrucks, die heute kaum auffallen würden. Diese neue Königspartei bestand in ihrer Mehrheit nicht aus alten Adligen, sondern aus ruheliebenden Angehörigen aller Schichten, die zumeist das allgemeine Staatsbürgertum und die Beseitigung der Standesvorrechte bejahten, aber der Republik mißtrauten und wieder eine auf der

Autorität der Kirche begründete staatliche Ordnung wünschten. Die Auseinandersetzung geschah vorzugsweise auf dem Boden des Kampfes um Kirche und Geistlichkeit: Royalistisch wurde gleichbedeutend mit klerikal, republikanisch mit antikirchlich und klerusfeindlich. Das Direktorium hatte, nachdem Kirche und Staat getrennt waren, zunächst alle Geistlichen, die sich der Verfassung einfach unterwarfen, religiös gewähren lassen; aber es betrieb konsequent eine Politik der Entchristlichung des öffentlichen Lebens, organisierte bürgerliche Feste von zeremonieller Art und begünstigte einen besonderen freigeistig-moralischen Kult, die „Theophilanthropie", die indes nur einen kleinen Kreis gebildeter Jünger der Aufklärung umfaßte. Sogar ein Verbot des öffentlichen kirchlichen Glockenläutens wurde erlassen, aber außerhalb der großen Städte kaum durchgesetzt. Im Widerstand gegen diese antiklerikale Politik verband sich kirchlich-religiöse Devotion mit politisch-monarchistischen Regungen, und jeder Widerspruch gegen sie war oder schien zugleich gegen die bestehende republikanische Ordnung gerichtet.

Als im Frühjahr 1797 ein Drittel der Abgeordneten des gesetzgebenden Körpers neu zu wählen war, ergab sich eine in diesem Sinne royalistische, reaktionäre Mehrheit. Sie hatte im einzelnen auseinandergehende Ziele, war aber einig gegen das bürgerlich-republikanische Direktorium. Diese Mehrheit wählte an Stelle des durchs Los ausscheidenden Direktoriumsmitgliedes einen Mann ihrer Richtung, den Diplomaten Barthélemy. Er begünstigte, von Carnot unterstützt, die neue Strömung und brachte damit einen Riß in das Direktorium, worauf sich die drei anderen Direktoren enger zusammenschlossen und Schritte unternahmen, den „factiösen" Widerstand zu beseitigen. Ermutigt durch die demokratischen Republikaner und die republikanischen Generale, beschlossen sie, das Wahlergebnis durch einen Gewaltakt zu korrigieren, um dadurch wieder eine republikanische Willenseinheit herzustellen. Als die Mehrheit des gesetzgebenden Körpers versuchte, die Nationalgarde in antirepublikanischem Sinne gegen das Direktorium zu organisieren, war das der Anstoß zum Handeln. Gestützt auf die bei Paris aufgestellte Truppenmacht und eine in die Hauptstadt eindringende Truppe unter General Augereau, ließen die drei Direktoren einen großen Teil der Abgeordneten und ihren Kollegen Barthélemy verhaften — Carnot ließ man entkommen —, und der Rest der Ratskörperschaften mußte auf alarmierende Mitteilungen über eine entdeckte royalistische Verschwörung Ausnahmezustand beschließen. Aus diesem Staatsstreich vom 18. Fructidor V (4. September 1797) folgte das Revolutionsgesetz vom 19. Fructidor. Die Wahlhandlungen in 49 Departements wurden darin für ungültig erklärt, 198 Mandate gelöscht, 65 Politiker, größtenteils Abgeordnete, zur Verschickung verurteilt, so daß das Direktorium nun völlig gefügige Ratskörperschaften neben sich hatte und von diesen auch wieder nach Wunsch ergänzt wurde. Im Anschluß an den Staatsstreich fanden in der Tat noch in verschiedenen Landschaften Bewegungen gegen das Direktorium von mehr oder weniger klerikal-royalistischem Charakter statt. Durch Militärkommissionen wurden in 32 Städten etwa 160 Teilnehmer zum Tode verurteilt.

Das Direktorium begann nun nahezu diktatorisch zu regieren. Es beschränkte die Presse, unterdrückte zahlreiche Zeitungen als verfassungsfeindlich und verschärfte die antiklerikale Politik. Von den Priestern wurde ein neuer Eid verlangt, wonach sie das Königtum zu hassen schworen, über politisch verdächtige Priester wurde wieder die Deportation verhängt. Aus Belgien, wo der Klerus schlechthin Gegner der Revolutionierung, des Verkaufs der Kirchengüter und der Trennung von Staat und Kirche war, wurden nicht weniger als 8000 Geistliche wegen antirepublikanischer, antifranzösischer Haltung deportiert; aus dem alten Frankreich etwa 1650. Der Kult des Dekadi, des weltlichen Feiertags, wurde betrieben, mit bürgerlichen, freilich sehr nüchternen Feierlichkeiten und erzwungener Arbeitsruhe, wiederum ohne über den Rand der Städte weit hinauszuwirken. Es entstand neue Feindschaft zwischen Kirche und Staat, welche der erstrebten politischen Einheit hinderlich war.

Die Regierung des Direktoriums hat trotz einer gewissen Zerfahrenheit und bei einer weitverbreiteten Korruption doch in verschiedener Hinsicht Wege beschritten, die aus der wirtschaftlichen Anarchie und Stagnation und dem Massenelend der Thermidorreaktion hinausführten und eine langfristigere Ordnung auf kapitalistisch-bürgerlicher, durchaus antisozialistischer Grundlage ermöglichten.

Die erste dringliche Aufgabe bestand in der Beendigung der Inflation. Die unaufhaltsame Vermehrung und Entwertung der Assignaten, die durch Devisenkäufe für notwendige Auslandswaren regelmäßig vorangetrieben wurde und nur einigen Spekulanten und Großlieferanten Vorteile brachte, mußte zum Stillstand gebracht werden, wenn ein geordnetes Wirtschaftsleben erreicht werden sollte. Das Direktorium war zunächst noch gezwungen, die Ausgabe von Papiergeld in einem Jahre auf das Zwei- bis Dreifache zu erhöhen. Es versuchte vergeblich durch verschiedene Mittel den Kurs der Assignaten zu stabilisieren und sah sich schließlich genötigt, das Papiergeld praktisch aufzugeben. Alle Staatsschulden wurden auf ein Drittel abgewertet. Es gelang, immerhin ohne vollständige Schuldenentwertung,

die Papiergeldwirtschaft zu beendigen und durch eine reine Edel-
metallwährung wieder ein normales Geschäftsleben zu ermöglichen,
allerdings nur mit Hilfe der Edelmetallmengen, die aus den im Kriege
besetzten Ländern nach Frankreich hereinkamen. Der Inflation folgte
nun die Deflation. War jene auf Kosten der städtischen, vor allem
der lohnarbeitenden Bevölkerung gegangen, so traf diese vor allem
die Landleute durch das Fallen der Preise. Sie trug zweifellos bei
zu der royalistischen Bewegung von 1797, versöhnte aber andererseits wieder die städtischen Proletarier mit der Regierung. Sie ermöglichte wieder eine gewisse Vermehrung der wirtschaftlichen Produktion.

An Stelle des reinen wirtschaftlichen Gehenlassens, wie es nach
dem Sturz Robespierres geübt worden war, trat in den Jahren des
Direktoriums eine Politik staatlicher Förderungsmaßnahmen und
vorsichtiger Eingriffe. Die Ernährung der Truppen und der größeren
Städte wurde wieder durch Requisitionen sichergestellt, die Börsen-
spekulation wurde kontrolliert und in Schranken gehalten, die französische Industrieproduktion geschützt durch Zollmaßnahmen, die
sich vor allem gegen England richteten und denen sich die von Frankreich abhängigen Länder anschließen mußten. In den eroberten Ländern entfaltete sich allerdings eine wilde Spekulation, an der sich
einzelne Kapitalisten und Geschäftemacher bereicherten. Die ganze
Wirtschaftspolitik war vorzugsweise nach dem Geschmack der kapi-
talistisch-großbürgerlichen Geschäftswelt. Sie verhinderte auch nicht
das gelegentliche Auftreten neuer Ernährungsschwierigkeiten und
zeitweiliger Arbeitslosigkeit. Sie hat die arbeitende Bevölkerung an
den Nachteilen, aber auch an gewissen Vorteilen einer aufsteigenden
kapitalistischen Wirtschaft beteiligt.

Mit Hilfe der Staatsschuldenabwertung und systematischer Er-
sparungen, auch empfindlicher Gehaltseinschränkungen, wurde wenigstens ein Ansatz zur Ordnung der Staatsfinanzen gemacht. Man
sorgte endlich für regelmäßige Steuereingänge und schuf eine ge-
ordnete Steuerverwaltung mit Berufsbeamten unter einheitlicher, zen-
traler Leitung. Ein neues System indirekter Steuern wurde eingeführt. Wie in der allgemeinen Verwaltung, trat im Steuer- und
Finanzwesen eine zentralistische Bürokratie an die Stelle des Neben-
einanders gewählter Behörden, das in der ersten Revolutionszeit entstanden war. Doch war man auch noch darauf angewiesen, zu manchen
zweifelhaften Finanzoperationen mit korrupten Geschäftemachern
Zuflucht zu nehmen, was zu aufsehenerregenden Finanzskandalen
führte. Die Finanzschwierigkeiten konnten keineswegs vollständig
überwunden werden und gaben den Mißhelligkeiten zwischen den

verschiedenen politischen Kräftegruppen immer neue Nahrung. Alles, was in dieser Zeit geleistet wurde, hing außerdem ab von den Erfolgen einer immer weiter ausgreifenden Politik und Kriegführung. Die Leiter der bürgerlichen Republik haben schon seit 1794 in mancher Hinsicht die außenpolitische Linie wieder aufgenommen, welche die Girondisten 1792/93 verfolgt hatten. Hatte der Wohlfahrtsausschuß der Schreckenszeit nur die Befreiung vom Feinde und gewisse Grenzerweiterungen zur Herstellung und Sicherung eines einheitlichen Frankreich vorgesehen, so wurde jetzt die Politik der natürlichen Grenzen erneuert. Und wenn die Bergpartei zu einer undiplomatischen, gleichmäßig-starren Abschließung gegen alle Feindmächte geneigt hatte, so versuchten die Thermidorianer zunächst die Gegner durch diplomatische Sonderabmachungen zu teilen und verschmähten hierbei auch nicht alte Mittel der Kabinettspolitik mit Geheimabmachungen und willkürlichen Verschiebungen von Gebieten, soweit sie außerhalb des republikanischen Frankreich lagen. Neue militärische Erfolge und der zunehmende innere Zerfall der feindlichen Koalition boten hierzu die Möglichkeit. Mit Preußen konnte 1795 der Sonderfriede von Basel geschlossen werden, durch den die norddeutsche Vormacht der Republik ihre linksrheinischen Besitzungen praktisch überließ in der Hoffnung auf gute Entschädigung in geistlichen deutschen Gebieten. Holland wurde mit Hilfe einer frankreichfreundlichen Partei von republikanischen „Patrioten" Anfang 1795 in eine „Batavische Republik" umgewandelt und zu einem Frieden genötigt, der allerdings erhebliche territoriale und politische Opfer in sich schloß. Auch Spanien schied aus der feindlichen Koalition aus. Die österreichischen Niederlande (Belgien, Limburg, Luxemburg) und Lüttich wurden durch Dekret vom 1. Oktober verfassungsmäßig mit der französischen Republik vereinigt.

Das Direktorium sah sich somit nur noch Österreich als einzigem feindlichem Großstaat auf dem Festlande gegenüber und hat nicht nur die Politik der natürlichen Grenzen weitergeführt, sondern darüber hinaus eine Eroberungspolitik aufgenommen, die möglichst große Gebiete außerhalb dieses erweiterten Frankreich an die französische Republik ideell und materiell anschließen sollte. Diese Politik war nicht mehr so sehr in dem gedanklichen Überschwang der alten Girondisten begründet als in dem Bedürfnis, die besetzten und abhängigen Länder wirtschaftlich auszubeuten, die Armeen von ihnen leben zu lassen und Geld, Edelmetalle, Schätze und Rohstoffe jeder Art nach Frankreich hereinzubringen, dessen Staatsfinanzen immer noch bodenlos waren und dessen zerrüttete Wirtschaft erst vor einem neuen Aufbau stand. Die Feldzüge und diplomatischen Aktionen dieser Zeit bekamen dadurch einen räuberischen Charakter, um so mehr, als dabei auch große Kapitalisten ihre Privatgeschäfte auf Kosten der Besiegten machten. Der junge General Bonaparte begann in seinem glanzvollen italienischen Feldzug 1796/97 Oberitalien in Tochterrepubliken nach dem Vorbilde Frankreichs zu organisieren und brachte Österreich zu einem Friedensschluß, der Frankreich die Oberhoheit in großen Teilen Italiens und schließlich auch das ganze linke Rheinufer sicherte. Die Ausdehnungspolitik der Republik nahm darauf weiter ihren Fortgang. 1798 wurde die Schweiz in eine abhängige „Helvetische Republik", der Kirchenstaat in eine „Römische Republik" umgewandelt, und ein voreiliger Angriff aus Neapel bot Anlaß, auch in Süditalien eine Tochterrepublik, die „Parthenopäische Republik" einzurichten. Überall verband sich die Entmachtung der alten Gewalten und des Adels mit militärischer Beherrschung und wirtschaftlicher Ausbeutung durch das siegreiche Frankreich.

Die ganze Machtstellung der französischen Republik wurde aber noch einmal auf eine schwere Probe gestellt, als sich 1798 die stärksten Mächte des alten monarchischen Europa erneut gegen sie zusammenschlossen, um der ausgreifenden Politik des neuen Frankreich ein Ende zu setzen und es möglichst wieder auf seine alten Grenzen einzuschränken, wozu bei dem russischen Zaren Paul I. auch noch das legitime Ziel der Wiedereinsetzung der alten Fürsten kam. Hatte die erste Feindkoalition von 1792/93 die demokratische Partei in Frankreich unter turbulenten Umständen zur Macht gebracht, so sollte die zweite Koalition von 1798/99 das Schicksal der aus dem Siege entstandenen bürgerlichen Republik besiegeln.

DAS ENDE DER REPUBLIK

Das Bestreben nach einer einheitlichen republikanischen Willensbildung hatte die politische Entwicklung Frankreichs seit 1792 beherrscht und schließlich zu der Herrschaft einer Gruppe von Politikern geführt, die diese Einheit gegen die von rechts und links aufkommenden Sonderbestrebungen aufrechtzuerhalten suchte im besonderen Interesse einer neuen Gesellschaftsklasse von hochgekommenen Kapitalisten, Talenten und Glücksrittern. Der neue Monarchismus war nicht nur für diese Klasse eine Gefahr, sondern drohte, wenn er tiefer in das politische Leben eindrang, den ganzen politischen und sozialen Neuaufbau in eine rückläufige Bewegung zu ziehen.

Als im Frühjahr 1798 wieder ein Drittel des Gesetzgebenden Körpers durch Neuwahlen ersetzt wurde, beeinflußte das regierende Direktorium diese Wahlen systematisch mit Kandidatenempfehlungen durch seine Kommissare und mit dem Ausschluß aller als royalistisch Verdächtigen, um Royalismus und Klerikalismus niederzuhalten. Aber es geriet dabei auf der anderen Seite in eine Bundesgenossenschaft mit den demokratischen Republikanern, den alten Bergparteilichen und Gleichheitskämpfern, die keineswegs dem Geschmack der bürgerlich-republikanischen Direktoren entsprach. Das Wahlergebnis schien ihnen demgemäß zu jakobinisch, und sie glaubten nun wieder der Gefahr von der anderen Seite, der Gefahr des Sozialismus und der „Anarchie", d. h. der Gefährdung des Besitzes entgegentreten zu müssen, indem sie das Wahlergebnis nach dieser Seite korrigierten. Das geschah durch einen neuen, freilich ruhigeren staatsstreichartigen Eingriff, indem die Neugewählten einer politischen Prüfung durch die alten Körperschaften — also gerade durch diejenigen, die nach dem Verfassungsgesetz zu entfernen und zu ersetzen waren — unterworfen wurden. Durch ein von diesen beschlossenes Gesetz vom 22. Floréal VI (11. Mai 1798) wurde die Wahl von 106 neuen Abgeordneten für ungültig erklärt; die Hälfte davon wurde durch ihre Wahlgegner, die geringere Stimmzahlen erhalten hatten, ersetzt, die übrigen Sitze blieben leer.

Die Gefahr einer anarchistischen oder sozialistischen Massenbewegung bestand um diese Zeit in Wirklichkeit nicht mehr. Infolge der gebesserten Wirtschaftslage konnte man wieder Brot und Fleisch zu erträglichen Preisen kaufen, und auch die Lohnarbeiter steckten so tief in den individualistischen Vorstellungen der Zeit, daß sie die Zwangswirtschaft mit dem „Maximum", das auch ihre Löhne beschränkt hatte, nicht wieder herbeiwünschten. Aber der radikale demokratische Patriotismus hatte in den mittleren Schichten, die am Wahlrecht beteiligt waren, immer noch seine Anhänger und flammte noch mehr auf, als Frankreich nach Jahren der Siege und der ausländischen Beutezüge durch die zweite Koalition 1798/99 wieder in unmittelbare Gefahr geriet. Diese Strömung machte sich deutlich geltend bei der neuen Drittelwahl im Frühjahr 1799. Sie bestätigte sich in klubartigen, freilich sehr vorsichtigen Zusammenkünften, die seit dem Fructidor 1797 wieder erlaubt waren, und in scharfer Kritik, die in den Ratskörperschaften an der Korruption und dem Leichtsinn der Regierenden geübt wurde. Der Rat der 500 führte nun einen Schlag gegen das Direktorium und seine selbstherrliche Politik, die nicht eine neue, schwere Gefahr für das Vaterland hatte verhindern können, den sogenannten Staatsstreich vom 30. Prairial VII (18. Juli

1799). Durch drohende Beschlüsse und Dauersitzungen wurden zwei Direktoren (Merlin und La Revellière) zum Ausscheiden gezwungen und durch unbedeutende Persönlichkeiten ersetzt. Die tatsächliche Diktatur, die das Direktorium seit dem Fructidor-Staatsstreich ausgeübt hatte, hörte nun auf. Der gesetzgebende Körper nahm die Leitung der Politik selbst in die Hand.

Die Zeit des Konvents von 1792—94 schien vorübergehend wiederkehren zu sollen, die Zeit heroisch-radikalen Zugreifens in demokratisch-patriotischem Geiste. Auch der Jakobinerklub wurde im Juli 1799 wiedereröffnet, allerdings in ruhigeren Formen als ehedem und nur für kurze Zeit. Es wurden auch schwache Versuche eines Proletarieraufstandes in den Vorstädten gemacht, aber durch die Polizei unter ihrem neuen Minister Fouché, der aus einem Bergparteiler zum Ordnungsmann geworden war, leicht unterdrückt. Die Kammern des gesetzgebenden Körpers faßten Beschlüsse, die an das Jahr 1793 erinnerten. Eine Zwangsanleihe gegen die „Reichen" wurde ausgeschrieben, die Stellvertretung für die Besitzenden bei der Aushebung zum Militär wurde vorübergehend aufgehoben und ein „Geiselgesetz" erlassen, wonach Verwandte von Ausgewanderten und politisch Verdächtigen als Bürgen festgesetzt werden konnten, — in der Meinung, damit Vaterlandsverräter und Feinde der Republik mattzusetzen. Dazu kamen unpopuläre Maßnahmen, welche die Kriegslage gebot, wie die Beschlagnahme von Pferden. Hinter alledem aber stand nicht mehr die schreckende und mitreißende Kraft der alten Revolutionsregierung. Das ganze an den Jakobinismus erinnernde Vorgehen der gesetzgebenden Körperschaften erregte nur erneute Unzufriedenheit bei allen Besitzenden, zumal auf dem Lande, wo das parlamentarische Kräftespiel der letzten Jahre wenig Verständnis gefunden hatte. Man war weithin politisch unlustig geworden und sehnte sich nur noch nach Ordnung, Sicherheit und Wohlstand. Die Hoffnung immer breiterer Schichten richtete sich auf eine Macht, die imstande sein würde, mit den äußeren Feinden fertigzuwerden, ohne zunächst das private und wirtschaftliche Leben härteren Eingriffen auszusetzen.

Diese Macht lag bei der Armee. Sie war republikanisch, aber diszipliniert, selbstbewußt durch ihre Siege und ordnungsliebend, — noch mehr, seitdem sie gegenüber den Jahren der ersten Massenerhebung an Zahl vermindert war. Die volkstümlichen Führer der Armeen wollten größtenteils von neuen Sansculottenaktionen ebensowenig wissen wie von den Diktaturgelüsten der zivilistischen Direktoren. Sie hatten schon zunehmend in die Politik eingegriffen und bei allen Staatsstreichen ihre Hand im Spiele gehabt. Bei den Zu-

wahlen zum Direktorium waren verschiedentlich Generale aufgestellt, freilich vorsichtigerweise nicht gewählt worden. Der Gedanke
lag seit längerem in der Luft, daß ein General die exekutive Gewalt
übernehmen müsse, sei es als Platzhalter eines Monarchen oder als
Exponent des republikanischen Demokratismus. Jourdan, einer der
draufgängerischen und erfolgreichen jungen Generale, versuchte 1799
einmal das Vaterland in Gefahr zu erklären und sich selbst zum
Vollstrecker einer revolutionären Diktatur aufzuschwingen. Das
Direktorium selbst hatte, obwohl als republikanische Exekutivbehörde
geschaffen, zwei Jahre lang sich diktatorischer Mittel bedient. Aber
es war ihm nicht gelungen, die zunehmende Aufsplitterung der politischen Bewegung in einzelne, sich bekämpfende Gruppen zu verhindern. Eine neue Diktatur konnte besitzfreundlich oder demo-
kratisch-gleichheitlich sein; aber sie konnte nicht mehr wie 1792/93
von einheitlichen Massenaufständen, sondern nur noch von der organisierten Armee getragen werden. Sie fiel schließlich noch im gleichen
Jahr 1799 in die Hand des siegreichsten und herrschbegabtesten
Generals.

Die im Frühjahr 1799 drohende Gefahr einer neuen Invasion in
Frankreich war bereits vorübergezogen, die Heere der zweiten Koalition waren zum Stehen gekommen, hatten ihre in der Schweiz und
in Holland gewonnenen Vorteile wieder verloren und waren unter
sich in neuen Zwist verfallen, als im Herbst 1799 der General Napoleon Bonaparte von der ägyptischen Expedition zurückkehrte, auf
die ihn das Direktorium entsandt hatte. Als erfolgreicher Feldherr
und Staatengründer wußte er den Blick aller derer auf sich zu richten,
die einen Zustand größerer innerer Ordnung und Autorität herbeiwünschten, ohne gewisse Grundgedanken der Revolution aufzugeben.
Hatte dieser Gedanke bisher zu „Faktionen" geführt, zu Gruppen-
bildungen, die ein bestimmtes politisch-ideelles Programm gegen ihre
Gegner durchsetzen wollten, so lehnte Bonaparte alle bisherigen
Parteiungen ab und vertrat nur das Prinzip der durch die Staatsgewalt zu schützenden inneren Ordnung an sich und des siegreichen
Friedens nach außen. Der alte revolutionäre Theoretiker Sieyès, seit
Anfang 1799 Mitglied des Direktoriums, ebnete ihm den Weg, die
politische und militärische Führung an sich zu reißen. Durch den
Staatsstreich vom 18. und 19. Brumaire des Jahres VIII (9./10. November 1799) wurden die gesetzgebenden Körperschaften, der Rat
der Alten und der Rat der 500, gezwungen, die ausführende Gewalt
in die Hände von drei Konsuln zu geben, deren erster und maßge-
bender der General Bonaparte war, und eine Kommission zur Ausarbeitung einer neuen Verfassung gutzuheißen, die dann einer Volks-

abstimmung unterworfen werden sollte. Die Geschichte dieser zwei
Tage war im einzelnen sehr bewegt. Napoleon wurde von den Republikanern wegen seines Strebens nach der Diktatur arg in die Enge
getrieben; den Ausschlag gaben dann die ihm ergebenen Linientruppen, welche die Parlamentsgarden verdrängten.
Eine Militärdiktatur war die Grundlage seiner Macht. Aber er
wollte mehr als militärischer Diktator sein. Er wollte die Autorität
einer neutralen Staatsmacht verkörpern, die sich gegenüber allen
Sonderbildungen der Gesellschaft durchsetzte und sie überflüssig
machte. Die politischen Parteiungen, die sich in den letzten Jahren
der Revolution neu gegeneinander erhoben hatten, sollten verschwinden. Napoleon hatte sie persönlich nur als Mittel zu seinem
Emporkommen betrachtet. Er rühmte später, daß in seinem Staate
der frühere jakobinische „Königsmörder" mit dem früheren Royalisten zusammenarbeiten und zusammen speisen könne. Damit wurde
zugleich jede politische Bewegung und Aktivität von unten, die auf
eine Umgestaltung der jetzt bestehenden Gesellschaftsordnung hin-
wirken konnte, unterbunden. Die „Ideen der Erhaltung, der Sicherheit und der Freiheit" sollten nach einer Proklamation Bonapartes
in ihre Rechte treten — die gleichen Ideen, die schon das bürgerlich-
republikanische Direktorium auf seine Fahne geschrieben hatte, ohne
sie gegen die Widersprüche von links und rechts sicher durchführen
zu können. Napoleon sicherte die bürgerliche Gesellschaft, indem er
ihre politische Mitwirkung unterband oder zur Scheintätigkeit herab-
drückte und alle politischen Aufgaben auf den von oben geleiteten
Staatsapparat übernahm. Das war das Ziel der sogenannten Verfassung des Jahres VIII, der Konsulatsverfassung von Ende 1799, in
der die von ihm gewollte Staatsform ihre erste, schon bald verschärfte Gestalt erhielt. Wie es die vom Ersten Konsul redigierte Ein-
führungsproklamation ausdrückte, sollte sie starke und stabile Einrichtungen schaffen, die Rechte der Bürger und die Interessen des
Staates garantieren und dabei auf den „geheiligten Rechten des Eigentums, der Gleichheit und der Freiheit ruhen". „Die Revolution",
hieß es darin, „ist auf die Grundsätze gebracht, von denen sie aus-
gegangen ist; sie ist beendet."
Napoleon, Erster Konsul und dann (seit 1804) Kaiser, hat mit
sicherem Blick für die Bedürfnisse der Mehrheit der damaligen Franzosen die Erbschaft der Revolution angetreten, sie vereinfacht und
in dieser Vereinfachung zu befestigen versucht. Er übernahm die
durch die Revolution geschaffene bürgerliche Gesellschaft mit allgemeinem Staatsbürgertum und persönlicher Rechtsgleichheit, mit
privatkapitalistischer Wirtschaft und Aufstiegsmöglichkeit für jeden

einzelnen und gab ihr feste rechtliche Formen durch seine Gesetz-
bücher, die Codes. Er übernahm die Verwaltungsorganisation und
gab ihr durch die Ernennung der Präfekten und Bürgermeister den
streng zentralistischen Zug, den sie dann lange Zeit behielt. Er
führte einen Ausgleich mit der katholischen Kirche herbei: Sie mußte
auf die alten Kirchengüter verzichten, sollte aber freie Wirkungs-
möglichkeit mit Unterstützung des Staates haben. Alle aus politischen Gründen Verbannten, Verschleppten und Geächteten wurden
in die Gesellschaft wieder aufgenommen. Die Mehrzahl des emigrierten Adels kehrte nach Frankreich zurück, mußte aber die inzwischen erfolgten Besitzveränderungen anerkennen und sich in die
neue bürgerliche Gesellschaft einfügen. Das alte Königtum und die
privilegierte Gesellschaft sollten nicht wiederkehren.

Aber während der neue Staat die Gleichheit der Rechte — ohne
Gleichheit des Besitzes — bestehen ließ und die persönliche Freiheit
in allen unpolitischen Betätigungen erst wirklich sicherte, vernichtete
er mehr und mehr die Freiheit, wo sie zum politischen Recht, zum
Recht der selbständigen Mitwirkung und Mitbestimmung wurde. Die
Freiheit des politischen Wollens, ja jede selbstverantwortliche politische
Tätigkeit überhaupt wurde erstickt zugunsten eines allmächtigen
Staatsapparates, dessen sich die militärisch gestützte Diktatur bediente.
Das gehobene Bürgertum, das die Revolution in ihrem ersten Stadium gestaltet hatte, wurde durch die Förderung seiner wirtschaft-
lichen Interessen, durch Befriedung des persönlichen Ehrgeizes und
durch individuelle Erfolgsmöglichkeiten entschädigt für den Verlust
der politischen Freiheit, der gleichzeitig die mittleren und unteren
Klassen hinderte, eigene politische Ziele zu ergreifen.

Napoleon hat auch die außenpolitische Erbschaft der Republik,
die Politik der natürlichen Grenzen und der revolutionären Eroberungen übernommen. Indem er sie mit vollkommeneren Mitteln fort-
führte und zielbewußt die in seinem Staat verwirklichten Ideen in
Europa zu verbreiten suchte, wurde er zum Träger eines immer maß-
loseren militärisch-politischen Imperialismus, der schließlich 1814/15
in einem Zusammenbruche endete und unter seinen Trümmern viele,
wenn auch längst nicht alle Errungenschaften der Revolution für
weitere Jahrzehnte begrub.

Dennoch haben ihre Gedanken sich erhalten und immer neues
Leben gewonnen. Die durch die Revolution geschaffenen und durch
das Kaiserreich bestätigten Rechts- und Besitzverhältnisse blieben
auch unter dem 1815 wiederhergestellten Königtum der Bourbonen
bestehen; diese selbst mußten sich an eine konstitutionelle Verfassung
binden, die dem in der Revolution erwachten Selbstbestimmungs-

willen der Nation Rechnung trug, und konnten die wiedergekehrten
Emigranten nur durch magere politische und finanzielle Begünstigun-
gen für ihre verlorene soziale Vorzugsstellung entschädigen. Gegenüber der von den Ostmächten andringenden Reaktionspolitik sammelten sich in allen Ländern offene und geheime Revolutionäre,
Liberale und Demokraten, im Blick auf die große französische Revolution; ja sie sahen sogar in dem aus ihr hervorgegangenen Kaiser
Napoleon rückblickend legendenhaft einen Vorkämpfer der Freiheit
und Selbstbestimmung der Nationen, deren Sache im 19. Jahrhundert
sich überall mit dem Drängen nach individueller Freiheit verband.
Die französische Revolution stand an der Wiege des großbürgerlichen französischen Bürgerkönigtums von 1830 wie der Volksaufstände und der parlamentarischen Republik von 1848, der bürgerlichen Republik von 1870 wie der von ihr niedergeschlagenen Pariser
Kommune von 1871. Und unübersehbar wurden ihre Wirkungen auf
die inneren und äußeren Freiheitsbestrebungen der verschiedenen
europäischen Völker; selbst dort, wo sie für lange Zeit noch zurückgedrängt wurden, hat das Schreckbild der Revolution, wie es in
Frankreich zuerst allgemeingültig in Erscheinung getreten war, die
Entwicklung zur bürgerlichen Gesellschaft und zum modernen Natio-
nalstaat befördert. Die französische Revolution, von einem ihrer
schärfsten Kritiker als die einzige Revolution bezeichnet, die diesen
Namen wirklich verdiene, ist in Wirkung und Gegenwirkung zu einer
Grundtatsache der politischen Geschichte für alle Teile Europas und
der übrigen Welt geworden.

SCHLUSSBEMERKUNG

Das französische Revolutionsgeschehen der Jahre von 1789 bis 1799 zeigt eine Reihe von politischen Zuständen, die sich auseinander entwickelt haben und von denen zunächst keinem Dauer beschieden gewesen ist. Zumeist haben sie nicht einmal voll in sich ausreifen können und sind durch den Strom der Ereignisse vorzeitig hinweggeschwemmt worden. Die Verwicklung der innerfranzösischen Bewegungen mit der außenpolitischen Auseinandersetzung der europäischen Mächte, das ständige Ineinandergreifen von innerer Revolution und auswärtigem Krieg hat die revolutionäre Entwicklung immer wieder beschleunigt und angetrieben, aber auch zu verfrühten Ausgestaltungen und vorzeitigen Abschlüssen gezwungen. Durch das schnelle Fortschreiten von einem Zustand zum anderen wurde allerdings das eine erreicht: Die ersten Erfolge der Revolution, wie die Beseitigung der Privilegien und der Feudalität, die nationale Einheit und die rein weltliche Staatsordnung, wurden in den späteren Perioden so radikal durchgeführt, daß sie auch dann nicht wieder rückgängig gemacht werden konnten, als die später erreichten politischen Zustände und die ihnen zugrunde liegenden Ideen wieder preisgegeben werden mußten. Als bürgerliche Revolution betrachtet, hat die große französische Revolution gerade dadurch ihre Ziele erreicht, daß sie über den ersten, ihnen entsprechenden Zustand wesentlich hinausgetrieben wurde, was nach der Feststellung von Engels ein allgemeines Kennzeichen der neueren bürgerlichen Revolutionen zu sein scheint.

Die Revolution von 1789 bis 1799 hat in Frankreich die bürgerliche Gesellschaft geschaffen, die durch alle folgenden politischen Wandlungen hindurch erhalten geblieben ist und für die übrigen Länder im 19. Jahrhundert vorbildhaft wurde. Aber ihre Bedeutung erschöpft sich bei weitem nicht darin, nicht für Frankreich und nicht für die übrige Welt. Die den Franzosen besonders eigene Begabung für klare und klassische Formen hat in den verschiedenen Stadien dieser Revolution Losungen und Vorbilder des politischen Denkens und Handelns entstehen lassen, die als allgemeingültig erscheinen konnten und zur Nachahmung herausforderten. Die in der ersten Revolutionsperiode geschaffene konstitutionell-parlamentarische Monarchie mit bürgerlicher Rechtsgleichheit, der entschiedene Durchbruch der Volkssouveränität und die Formulierungen der Menschen-

und Bürgerrechte, die verschiedenen republikanischen Übergangslösungen, die demokratische Republik mit sozialen Tendenzen und auch die militärisch-politische Diktatur — für alles das hat man bis in unsere Tage immer wieder in der französischen Revolution klassische und vorbildhafte Verkörperungen finden können. Noch mehr aber hat der heiße revolutionäre Atem des damaligen französischen Geschehens immer erneut auf die kommenden Generationen gewirkt, und sie haben für die Formen politischen Handelns und politischer Organisation, für Volksaufstände und Staatsstreiche, für parlamentarische und kommissarische Regierung, für Gewaltenteilung und souveräne Volksvertretung ihre Vorbilder in der französischen Revolution gefunden. Die erlebnishafte, gleichsam moralische Wirkung der Revolution übertrifft vielleicht ihre unmittelbar in den Tatsachen nachweisbaren Folgen.

Die Entwicklung der modernen Nationalstaaten und ihrer politischen Parteien, aber auch die Ausbildung neuer revolutionärer Theorien und Ziele im 19. und 20. Jahrhundert ist nicht denkbar ohne diese Revolution, die zum ersten Male völlig Ernst damit machte, den Staat auf der Gesamtheit der Bürger eines großen Landes und deren gemeinsamer Nationalsouveränität zu begründen. Und ihre angedeuteten Wirkungen reichen weit über die Entwicklungsstufe der bürgerlichen Gesellschaft hinaus, der sie selbst angehört. Jede Bewegung, die auf eine planmäßige Umwandlung von Staat und Gesellschaft zielt, wird aus der französischen Revolution mannigfache Anregungen und Belehrungen ziehen können. Denn was man ihr auch immer an Fehlern und Verkehrtheiten nachweisen mag: Es ging in ihr, neben allem Zeitbedingten, um prinzipielle Auseinandersetzungen, die nicht nur für einen bürgerlichen Staat, sondern für jedes neuzeitliche Gemeinwesen ihre Bedeutung haben. Es ging darum, eine Gemeinschafts- und Gesellschaftsordnung nicht unbesehen aus der Vergangenheit zu übernehmen, sondern bewußt und planmäßig zu erneuern und zu schaffen und sie dabei wahrhaft, d. h. der jeweils bestehenden sozialen Wirklichkeit und Möglichkeit gemäß, auf Freiheit und Gleichheit zu begründen: eine Aufgabe, die den Menschen um so unabweisbarer gestellt ist, je mehr ihr äußeres Leben durch Technik, Organisation und Berechnung bestimmt wird. Daß dabei vernünftigen Wirklichkeitssinnes ebensowenig entraten werden kann wie ethischer Triebkräfte und Zielsetzungen, wenn etwas Längerdauerndes geschaffen werden soll, läßt sich gerade an der französischen Revolution und ihren Nachwirkungen eindringlich erweisen.

BIBLIOGRAPHISCHE HINWEISE

Aus dem großen und kaum übersehbaren Schrifttum zur Geschichte der französischen Revolution sollen im folgenden nur diejenigen Werke genannt und gekennzeichnet werden, die sich zum Weiterstudium eignen oder wegen ihrer Bedeutung und besonderen Auffassung bemerkenswert sind.

Die ältesten wissenschaftlich beachtlichen, wenn auch heute überholten Gesamtdarstellungen der Geschichte der Revolution sind:

A. T h i e r s, Histoire de la Révolution française, 1823—1827 und zahlreiche folgende Auflagen, auch in deutschen Übersetzungen unter dem Titel: Geschichte der französischen Revolution. Das Werk bemüht sich um objektive und genaue Einzeldarstellung, unter Verwertung vieler persönlicher Erinnerungen von Zeitgenossen, haftet aber durchaus an den Erscheinungen des Vordergrundes, vor allem den Pariser Vorgängen, und schenkt den sozialen, wirtschaftlichen und geistigen Problemen geringe Beachtung.

F. A. M i g n e t, Histoire de la Révolution française depuis 1789 jusqu'en 1814, Paris 1824, eine kürzere Darstellung, die zum ersten Male das Geschehen der Revolution soziologisch zu begründen und einheitlich zu begreifen suchte.

Mehr literaturgeschichtliche als wissenschaftliche Bedeutung haben die nächstfolgenden Darstellungen:

T h. C a r l y l e, The French Revolution, A History, 1837. Deutsche Ausgabe: Die französische Revolution, 1844 und öfter. Eine Folge von farbenprächtigen Schilderungen mit religiös-moralisierender Tendenz, ohne selbständige wissenschaftliche Bedeutung.

A. L a m a r t i n e, Histoire des Girondins, 4 Bde., 1847; gleichzeitig in deutscher Ausgabe: Geschichte der Girondisten. Das Werk eines lyrischen Dichters mit sehr anschaulichen Schilderungen und starker Empfindung für das Großartige und Dramatische der Ereignisse, aber auch dichterisch ausgeschmückt, besonders durch erfundene Gespräche.

Wissenschaftlich ernsthafter sind zwei gleichzeitige Werke:

J. M i c h e l e t, Histoire de la Révolution française, 7 Bde., Paris 1847—1853 (Geschichte der französischen Revolution, auch in deutschen Übersetzungen); ebenfalls eine empfindungsreiche Schilderung mit vielen anekdotischen Einzelzügen und großer Begeisterung für das revolutionäre Handeln des französischen Volkes, aber mit dem sorgfältigen Bestreben, auf dem quellenmäßig belegten Boden der Tatsachen zu bleiben; in der Tendenz kleinbürgerlich-liberal, ohne soziale Problematik.

L. B l a n c, Histoire de la Révolution française, 12 Bde., 1847—1862; gleichzeitig in deutscher Ausgabe. Das Werk eines vormarxistischen französischen Sozialisten, der über den bürgerlichen Individualismus hinaus in der zweiten Periode der Revolution Ansätze zu einer sozialistischen Ordnung sah, mit ausführlicher Erörterung der politischen Theorien, aber ohne höhere schriftstellerische Qualität.

Die Geschichtsschreibung des 19. Jahrhunderts hat schließlich drei große, quellenmäßig ausgiebig begründete Werke über das Revolutionszeitalter von dauerndem Werte hervorgebracht:

H. v o n S y b e l, Geschichte der Revolutionszeit. Erste Aufl. (in drei Bänden, bis 1795) Düsseldorf 1853—1858; vierte, endgültige Auflage (5 Bände, bis 1800 fortgeführt) Frankf. 1872—1879; hiernach auch die verbreitete Volksausgabe (1897—1900). Sybel stellte als erster die französische Revolution umfassend als Teil der gesamteuropäischen Geschichte dar, unter Berücksichtigung der wirtschaftlichen und sozialen Entwicklung, mit sorgfältiger Quellenforschung und -kritik, die allerdings mehr die staatliche Innen- und Außenpolitik als die revolutionären Bewegungen betraf. Seine Darstellung der Revolutionsereignisse leidet unter einer etwas konventionellen und veralteten bürgerlichen Wertungsweise, mit der er insbesondere über die späteren Perioden der Revolution vereinfachend aburteilt; für die außenpolitische Geschichte und ihren Zusammenhang mit den revolutionären Ereignissen ist sein Werk noch in vieler Hinsicht brauchbar.

H. T a i n e, Les origines de la France contemporaine, 6 Bände, Paris 1876—1893; deutsche Ausgabe unter dem Titel: Die Entstehung des modernen Frankreich von L. K a t s c h e r, 1877 ff. Eine auf gründlichen Aktenstudien beruhende Darstellung des gesellschaftlichen und politischen Aufbaus von Frankreich vor, während und nach der Revolution mit einer geistreichen Kritik ihrer Prinzipien, denen T. vor allem Mißachtung der historischen Entwicklungsgesetze vorwirft; ungerecht .gegen die eigentümlichen Kräfte und Leistungen der Revolution.

A. S o r e l, L'Europe et la Révolution française, 8 Bände, Paris 1885—1904. Eine glänzende, durch sorgfältige Einzelforschung gestützte Schilderung des revolutionären Frankreich in seiner Auseinandersetzung mit den europäischen Mächten, unter Betonung der ideellen und psychologischen Motive, weniger der wirtschaftlichen und sozialen Probleme. Die Wertmaßstäbe liberal-nationalstaatlich, gegen allen Extremismus.

Eine ernsthafte Beschäftigung mit der französischen Revolution wird heute immer von der modernen französischen Revolutionsgeschichtsschreibung ausgehen müssen, deren Ergebnisse in folgenden Werken niedergelegt sind:

A. A u l a r d, Histoire politique de la Révolution française, Paris 1901 (Politische Geschichte der französischen Revolution, deutsche Ausgabe von O p p e l n - B r o n i k o w s k i, eingel. v. H. H i n t z e, 2 Bde., München 1924). Aulard gibt auf Grund langjähriger Forschungen eine Verfassungsgeschichte der Revolution, genauer: eine Entwicklungsgeschichte des Gedankens der demokratischen Republik, und begründet sie aus dem Selbstbehauptungskampf des revolutionären Frankreich gegen innere und äußere Feinde, mit nüchterner Sachlichkeit, aber warmer innerer Anteilnahme.

J. J a u r è s, Histoire socialiste de la Révolution française, Bd. 1—4, Paris 1901—1904. Neue Ausgabe in 8 Bänden 1922—1924. Das Werk baut die Forschungsergebnisse Aulards in wirtschaftsgeschichtlicher Richtung aus, sucht in der Revolution Vorbilder für einen idealistischen Sozialismus.

A. M a t h i e z, La Révolution française, 3 Bde., Paris 1922—1927 (reicht bis 1794, für die spätere Zeit ergänzt durch die noch zu nennenden Werke von Mathiez). Zur Zeit die beste Gesamtdarstellung der zwei ersten Revolutionsperioden, temperamentvoll und anschaulich, wissenschaftlich exakt und mit eindringender Berücksichtigung des wirtschaftlichen und sozialen Lebens; die Neigung des Verfassers linksdemokratisch, mit sozialistischen Sympathien. Eine Fortsetzung des in der Sammlung Armand Collin erschienenen Werkes bieten die Bände von G. L e f e b v r e, Les Thermidoriens (1937), Le Directoire (1946) in der gleichen Sammlung.

Eine deutsche Ausgabe dieser Arbeiten von Mathiez und Lefebvre erschien unter dem Titel: Die französische Revolution, Bd. 1—3, Hamburg 1950.

G. L e f e b v r e, R. G u y o t, P h. S a g n a c, La Révolution française, Paris 1930 (Bd. 13 der Sammlung Peuples et Civilisations). In vollständiger Neubearbeitung von G. Lefebvre allein herausgegeben, Paris 1951. Grundlegende moderne Gesamtdarstellung mit guten und reichhaltigen Literaturangaben.

G. B o u r g i n, Die französische Revolution, in: L. M. Hartmanns Weltgeschichte, Stuttgart 1922. Mit Betonung der wirtschaftlichen und sozialen Wandlungen.

P h. S a g n a c und G. P a r i s e t, La Révolution (Bd. 1 der von E. Lavisse herausgegebenen Histoire de la France contemporaine), Paris 1920.

O. A u b r y, La Révolution française, 2 Bde., Paris 1942—1945. Deutsche Übersetzung unter dem Titel: Die französische Revolution, 2 Bde., Erlenbach-Zürich o. J. (1948).

A. S o b o u l, La Révolution française (1789—1799), 2. Aufl., Paris 1951. Eine vom Standpunkt des historischen Materialismus her erarbeitete Darstellung.

Von den neueren Gesamtdarstellungen nicht-französischer Historiker sind wichtig:

J. M. T h o m p s o n, The French Revolution, Oxford 1944.

A. G o o d w i n, The French Revolution, London 1953. Eine gute Einführung, mit knappem Literaturverzeichnis.

M. G ö h r i n g, Geschichte der Großen Revolution, 2 Bde., Tübingen 1950—1951 (Bd. 3 soll folgen). Die letzte deutsche Zusammenfassung unter Auswertung der gesamten bisherigen Forschung; starke Betonung der Vorgeschichte der Revolution und besondere Berücksichtigung der verfassungsgeschichtlichen Faktoren.

Von neueren Werken, die dem revolutionären Geschehen ablehnend oder kritisch gegenüberstehen, sind beachtlich:

P. K r o p o t k i n (e), La grande Révolution, Paris 1909; deutsche Ausgabe unter dem Titel: Die französische Revolution 1789—1793, Leipzig 1909. Neuauflage Weimar 1948. Kritik vom Standpunkt des russischen Anarchismus.

P. G a x o t t e, L'histoire de la Révolution française, Paris 1928. Deutsche Ausgabe München 1949. Der royalistische Verfasser sieht nur Verfallserscheinungen gegenüber der Zeit Ludwigs XVI.

L. M a d e l i n, La Révolution, Paris 1911; literarisch ein Meisterwerk, aber einseitig parteiisch im Sinne des napoleonischen Ordnungsprinzips.

C. B r i n t o n, A decade of revolution, New York und London 1934. (Deutsche Ausgabe unter dem Titel: Europa im Zeitalter der französischen Revolution von P. R. R o h d e n, Wien 1939.) Ein weitschauender Überblick über das Gesamtgeschehen des Zeitalters, voll kühler Ironie die Erscheinungen der Besessenheit und der Massenpsychose betonend.

Die Gesamtdarstellungen von A. W a h l (in: Wissenschaft und Bildung, Bd. 267, 1930, und in Bd. 5 der Neuen Propyläen-Weltgeschichte, 1943) beruhen auf gründlicher Kenntnis vor allem der Vor- und Frühgeschichte der Revolution, lassen aber eine gerechte Würdigung ihrer verschiedenen Entwicklungsstadien vermissen.

SPEZIALLITERATUR ZU DEN EINZELNEN ABSCHNITTEN

Das alte Frankreich

Die Erforschung des alten Frankreich geht aus von dem genialen Werk von Alexis de T o c q u e v i l l e, L'ancien Régime et la Révolution, 1856 (Deutsche Übersetzung 1868), das heute noch klassisch ist in seiner auf sorgfältige Forschung gestützten klaren und gedankenreichen Betrachtungsweise. T. entdeckte als erster gewisse durchlaufende Züge vom vorrevolutionären Frankreich zur Revolution: die Zentralisation, die Ausschaltung des Adels aus aller gemeinnützigen Verantwortung u. a. Seine Gedanken sind kunstvoll, aber einseitig weitergeführt worden von H. T a i n e in dem ersten Band seines obengenannten großen Werkes, unter dem Titel „L'Ancien Régime" (in der Übersetzung: Das vorrevolutionäre Frankreich).

Eine materialreiche und anschauliche Schilderung der vorrevolutionären Zustände bietet A. W a h l, Vorgeschichte der französischen Revolution, 2 Bde., Tübingen 1905—1907, mit etwas einseitiger Sympathie für den konservativen Liberalismus, wie er von manchen Adligen vertreten wurde. Eine wohlausgewogene, materialreiche Darstellung Frankreichs im 18. Jahrhundert gibt das große Alterswerk von P h. S a g n a c, La Formation de la Société française moderne (1661—1788), 2 Bde., 1945—1946.

Zur Geschichte der Oppositions- und Reformideen: M. G ö h r i n g, Weg und Sieg der modernen Staatsidee in Frankreich, Tübingen 1946. Die von dem katholischen Forscher A. C o c h i n (Les sociétés de pensée et la democratie, 1921; La Révolution et la libre pensée, 1924) verfochtene „Komplott-These", wonach die ganze Revolution planvoll und logisch aus literarischen und freimaurerischen Geheimgesellschaften hervorgegangen sei, hat manches neue Material gebracht, bleibt aber historisch unbefriedigend trotz aller dafür aufgewandten Gelehrsamkeit. Eine sehr gründliche und wohlabgewogene Untersuchung der vorrevolutionären Geistesströmungen bietet D. M o r n e t, Les origines intellectuelles de la Révolution française, Paris 1933.

Über den politischen Aufbau R. H o l t z m a n n, Französische Verfassungsgeschichte (bis 1789), München 1910. Zur Wirtschafts- und Sozialgeschichte siehe unten am Schluß. — Z. Gesch. Ludwigs XVI.: H. C a r r é, P. S a g n a c, E. L a v i s s e in Bd. 9 der Hist. de la France v. E. Lavisse, 2 Aufl., 1926.

Die konstitutionelle Monarchie

Über die vorrevolutionären Bewegungen das genannte Werk von A. W a h l, das aber in seiner Parteinahme für eine von der Regierung und den oberen Ständen durchzuführende Reform die Bestrebungen der feudalen Reaktion vielfach verharmlost. H. G l a g a u, Reformversuche und Sturz des Absolutismus in Frankreich, München 1908, hebt schärfer das ständige Versagen der Regierung hervor. Grundlegend noch A. C h e r e s t, La Chute de l'Ancien Régime, 3 Bde., 1884—1886.

O. B e c k e r, Die Verfassungspolitik der französischen Regierung bei Beginn der großen Revolution, Berlin 1910, hat nachgewiesen, daß die Haltung des Königs nicht so von vornherein reaktionär war, wie die Höflinge wollten und die Mehrzahl der älteren Darstellungen annahm, sondern sich erst allmählich versteifte und mehr schlaff und versteckt als klug und konsequent blieb.

Aus der reichen biographischen Literatur über einzelne Revolutionsführer sind die deutschen Werke über Mirabeau zu nennen: A. S t e r n, Das Leben Mirabeaus, 2 Bde., Berlin 1889. B. E r d m a n n s d ö r f f e r, Mirabeau, 1900, Neue Ausgabe, Leipzig 1943.

Der „Sturz des Feudalsystems" wird in älteren Werken zu Unrecht als unmittelbares Ergebnis des 4. August 1789 gepriesen. Die Darstellung seiner allmählichen Durchführung gibt M. G ö h r i n g, Die Feudalität in Frankreich vor und in der großen Revolution, Berlin 1934.

Über die Menschen- und Bürgerrechte besteht ein umfangreiches Schrifttum im Anschluß an die bahnbrechende Untersuchung von G. J e l l i n e k, Die Erklärung der Menschen- und Bürgerrechte (1. Aufl. 1895); nennenswert: O. V o s s l e r, Studien zur Erklärung der Menschenrechte, Hist. Zeitschrift, Bd. 142, S. 516 ff. (1930); F. H a r t u n g, Die Entwicklung der Menschen- und Bürgerrechte von 1776—1946, Berlin 1948, 2. bis zur Gegenwart erweiterte Aufl., Göttingen 1954.

Zu den Verfassungsfragen vgl. H. H i n t z e, Staatseinheit und Föderalismus im alten Frankreich und in der Revolution, Stuttgart 1928. J. G o d e - c h o t, Les institutions de la France sous la Révolution et l'Empire, Paris 1951.

Zur Kirchenfrage: A. L a t r e i l l e, L'église catholique et la Révolution française, 2 Bde., Paris 1946—1950. K. D. E r d m a n n, Volkssouveränität und Kirche, Köln 1949. Einen gemeinverständlichen Abriß gibt: M. Z y w c z y ń s k i, Die Kirche und die französische Revolution, aus dem Polnischen, Leipzig 1953. Über die Emigrierten: E. D a u d e t, Histoire de l'émigration pendant la révolution, 3 Bde., Paris 1904—1907.

Den maßgebenden Anteil der girondistischen Politiker am Ausbruch des Revolutionskrieges hat zuerst S y b e l scharf herausgearbeitet; ähnlich auch S o r e l. H. G l a g a u, Die französische Legislative und der Ursprung der Revolutionskriege 1791 bis 1792, Berlin 1896, weist der österreichischen Politik einen größeren Anteil an der Herbeiführung des Krieges zu; als schicksalhaften Zusammenstoß betrachtete ihn (nicht ganz überzeugend) L. v. R a n k e, Ursprung und Beginn der Revolutionskriege 1791 und 1792, Leipzig 1875, 2. Ausg. 1879. Vgl. auch T h. L u d w i g, Die deutschen Reichsstände im Elsaß und der Ausbruch des Revolutionskrieges, Straßburg 1898. — Der alte Streit der preußischen und österreichischen Historiker über den Schuldanteil an der schwachen Kriegführung kann heute weitgehend als überholt gelten und hier unberücksichtigt bleiben.

Über die Wirkung der französischen Revolution in Deutschland: A. S t e r n, Der Einfluß der französischen Revolution auf das deutsche Geistesleben, Stuttgart 1927; G. P. G o o c h, Germany and the French Revolution, London 1920, J. D r o z, L'Allemagne et la Révolution française, Paris 1949.

Die demokratische Republik

Das materialreiche, der Schreckensherrschaft feindlich gesonnene Werk von M o r t i m e r - T e r n a u x, Histoire de la Terreur, 8 Bde., 1862—1881, reicht nur bis Oktober 1793. System und Wandlungen der Revolutionsregierung sind grundlegend behandelt von A u l a r d, Pol. Gesch. d. frz. Revolution.

Über die führenden Revolutionsmänner: A. A u l a r d, Les orateurs de 'la révolution (1. L'Assemblée constituante, 2. La Législative et la Convention), Neue Ausg., Paris 1905—1907. Geteilt sind die Urteile in der Geschichtsschreibung, wie schon unter den Zeitgenossen, über die Stellung Dantons. Sein Biograph J. F. R o b i n e t (Danton, Paris 1865; Danton homme d'Etat, 1889) hat ihn zum Helden der Revolution gemacht, als Patrioten und Staatsmann gefeiert; so auch noch A u l a r d, der ihm wohl nicht ganz mit Recht den entscheidenden Anteil an dem Sturz des Königtums zuschrieb (Danton et la révolution du 10. août 1792, Etudes et leçons 4e série). Demgegenüber hat A. M a t h i e z in zahlreichen Einzelschriften das Zweideutige und Zweifelhafte in Dantons Charakter, auch seine Bestechlichkeit und Neigung zur Intrige herausgearbeitet und ihm auch einen wesentlichen Anteil an den sog. Septembermorden zugewiesen (zuletzt: M a t h i e z, Danton, l'histoire et la légende, Annales historiques de la Révolution française, Bd. 4, 1927). Mathiez sieht in Robespierre nicht nur, wie Aulard, den konsequenten demokratischen Theoretiker, sondern auch den bedeutendsten Staatsmann der Revolution; vgl. besd. A. M a t h i e z, Robespierre terroriste, Paris 1921. In die gleiche Richtung weisen die materialreichen Arbeiten von G. W a l t e r, zuletzt zusammengefaßt in dem Bande „Robespierre" (Paris 1946). Die Bedeutung beider Männer, Robespierres wie Dantons, bedarf noch weiterer Untersuchungen.

Den Parteikämpfen in der Revolutionsregierung hat A. M a t h i e z zahlreiche Einzelstudien gewidmet. Er hat den klassenbedingten Unterschied zwischen Girondisten und Bergpartei herausgearbeitet, den man früher meistens nur im Grade des revolutionären Temperaments sah, während A u l a r d ihn allzu vorsichtig auf den praktischen Streitpunkt des Verhältnisses zwischen Paris und den Provinzen beschränken wollte. Vgl. auch zu diesen Problemen G. W a l t e r, Histoire des Jacobins, Paris 1946.

Über die wirtschaftlichen und sozialen Gründe des Geschehens: A. M a t h i e z, La vie chère et le mouvement social sous la terreur, Paris 1927. Gesammelte Aufsätze in dem Band: A. M a t h i e z, Girondins et Montagnards, Paris 1930.

Einzelstudien von französischen und deutschen Historikern zu Problemen der Revolutionsregierung 1793—1794 enthält der von W. M a r k o v herausgegebene Sammelband: Jakobiner und Sansculotten, Berlin 1956.

Die bürgerliche Republik

Auch für die Geschichte der Thermidor-Reaktion und des Direktoriums sind jetzt grundlegend die Bücher von A. M a t h i e z: La Réaction Thermidorienne, Paris 1929; Le Directoire, aus dem Nachlaß hrsg. v. J. G o d e c h o t, Paris 1934. Gegenüber der von Napoleon und seinen Anhängern aufgebrachten Behauptung, die Direktorialregierung habe einen wirtschaftlichen Trümmerhaufen hinterlassen, hat die neuere Forschung erwiesen, daß unter ihr bereits viele Ansätze zu kapitalistischem Wirtschaftsaufschwung und bürgerlicher Ordnung gemacht worden sind. Die Ergebnisse sind zusammenfassend dargestellt von G u y o t, a. a. O. (1930), S. 285—469.

Über die Politik des Direktoriums ferner: R. G u y o t, Le Directoire et la paix de l'Europe, Paris 1911. — A. M e y n i e r, Les Coups d'Etat du Directoire, 1. Bd., Paris 1928 (leugnet das Bestehen einer royalistischen Verschwörung beim Fructidor-Staatsstreich).

Zu Babeufs Verschwörung: P. B u o n a r o t t i, Conspiration pour l'égalité, dite de Babeuf, Paris 1830 (von einem der Mitverschworenen). V. A d v i e l l e,

Histoire de Gracchus Babeuf et du Babouvisme, 2 Bde., Paris 1884. G. W a l - t e r, Babeuf et la Conjuration des Egaux, 1937. Die Arbeit von D. T h o m p - s o n, The Babeuf plot (London 1947) rückt bei Babeuf entgegen der herrschen- den Meinung die jakobinischen zugunsten der kommunistischen Tendenzen in den Vordergrund.

WICHTIGE QUELLENVERÖFFENTLICHUNGEN ZUR GESCHICHTE DER FRANZÖSISCHEN REVOLUTION

A r c h i v e s p a r l e m e n t a i r e s de 1787 à 1860, hrsg. v. Mavidal u. Laurent, Série I (1787—1799, durchgeführt bis 1793), Bd. 1—82, Paris 1867—1914.

P. J. B. B u c h e z u. P. C. R o u x, Histoire parlementaire de la Révo- lut'on française, 40 Bde., Paris 1833—1838.

M o n i t e u r, seit November 1789 (Neudruck der ganzen Reihe bis 1799, Paris 1863, enthält regelmäßige Sitzungsberichte der parlamentarischen Körper- schaften).

A. B r e t t e, Recueil de Documents relatifs à la convocation des Etats Généraux de 1789 (unvollendet), 3 Bde., Paris 1894—1904.

Recueil des actes du Comité du salut public, publ. par A. A u l a r d, 27 Bände, Paris 1889—1933.

Collection de documents relatifs à l'histoire de Paris pendant la révolu- tion française, Paris 1889 ff. Darin: A. A u l a r d, La société des Jacobins, 6 Bde., 1889—1897; d e r s e l b e, Paris pendant la réaction thermidorienne et sous le directoire, 5 Bde., 1898—1902.

Collection de documents inédits sur l'histoire économique de la révolu- tion française, Paris 1906 ff. (darin Veröffentl. v. Cahiers u. a.).

W. M a r k o v u. A. S o b o u l, Die Sansculotten von Paris. Dokumente zur Geschichte der Volksbewegung 1793—1794, Berlin 1957.

Unentbehrliche Quellen sind ferner, obwohl vielfach im einzelnen unzu- verlässig, die zahlreichen Memoiren von Mitlebenden, wie die berühmten, im Gefängnis geschriebenen Memoiren der Madame Roland, die gesammelten Korrespondenzen einzelner Persönlichkeiten wie Mirabeau, Lafayette u. a. m.

WERKE ZUR WIRTSCHAFTS- UND SOZIALGESCHICHTE FRANKREICHS

H e n r i S é e, Französische Wirtschaftsgeschichte (im Handb. d. Wirtsch. gesch. hrsg. v. B r o d n i t z), 2 Bde., Jena 1930—1935. Zahlreiche Einzelstudien des Verfassers sind hier zusammengefaßt.

E. L e v a s s e u r, Histoire des classes ouvrières en France avant 1789, Bd. 2, 2. Aufl., Paris 1901. Gründlich und materialreich, immer noch grundlegend.

E. L e v a s s e u r, Histoire des classes ouvrières et de l'industrie en France de 1789 à 1870, nouvelle edition Paris 1903—1904, 2 Bde.

J. K u c z y n s k i, Geschichte der Lage der Arbeiter in Frankreich von 1789 bis in die Gegenwart, 2. Aufl., Berlin 1955.

K. K a u t s k y, Die Klassengegensätze im Zeitalter der französischen Revolution, 3. Aufl., Stuttgart 1920.

D. G u é r i n, La lutte des classes sous la première République. Bourgeois et „bras nus" (1793—1797), 2 Bde., Paris 1946.

E. T a r l é, L'industrie dans les campagnes de France à la fin de l'ancien régime, Paris 1910.

F. W o l t e r s, Studien über Agrarzustände und Agrarprobleme in Frankreich 1700—1790, Leipzig 1905.

M. M a r i o n, Histoire financière de la France depuis 1715, Bd. 2 u. 3, Paris 1919 u. 1921. Die beste Darstellung der Entwicklung der staatlichen Finanzen und Steuern vor und während der Revolution.